# 科学传播与科学教育

## 第二辑

主编　郭传杰　周忠和

中国科学技术大学出版社

## 内容简介

本书收录科学传播与科学教育领域内的高质量论文11篇，内容涉及科普智库建设的现实逻辑、科学家形象的塑造、医疗人工智能的社会认知、新冠疫苗科普信息搜寻意愿、智媒时代科学纪录片的传播角色及传播技巧、科技创新团队与创新环境、科技馆人才驱动平台研究、国家标准时间的科普、“互联网+”双创大赛、计算机模拟的项目式学习等，从多角度对科学传播与科学教育相关内容进行阐述，旨在推进科学传播与科学教育在科学前沿领域内的研究与发现，促进学术交流与学科发展，使之更好地服务于公民科学素质提升、科学教育体系推广和创新型国家建设的需要。

本书可供科学传播与科学教育领域相关的高校师生、科技工作者以及从业人员学习参考。

**图书在版编目(CIP)数据**

科学传播与科学教育.第二辑/郭传杰，周忠和主编.—合肥：中国科学技术大学出版社，2023.4

ISBN 978-7-312-05613-0

Ⅰ.科… Ⅱ.①郭… ②周… Ⅲ.①科学技术—传播学—研究 ②科学教育学—研究 Ⅳ.①G206.2 ②G40-05

中国国家版本馆CIP数据核字(2023)第027564号

**科学传播与科学教育(第二辑)**

KEXUE CHUANBO YU KEXUE JIAOYU (DE ER JI)

**出版** 中国科学技术大学出版社
安徽省合肥市金寨路96号，230026
http://press.ustc.edu.cn
http://shop109383220.taobao.com

**印刷** 安徽国文彩印有限公司

**发行** 中国科学技术大学出版社

**开本** 787 mm×1092 mm 1/16

**印张** 10.75

**字数** 217千

**版次** 2023年4月第1版

**印次** 2023年4月第1次印刷

**定价** 52.00元

# 编辑委员会

徐　飞　中国科学技术大学
翟雪松　浙江大学
张增一　中国科学院大学
郑　念　中国科普研究所
郑永和　北京师范大学
周德进　中国科学院科学传播局
祝建华　香港城市大学

# 序 言

科学传播与科学教育的重要性越来越得到各个层面的充分认识。"一体两翼"的重大判断与指示及《全民科学素质行动规划纲要(2021—2035)》《关于新时代进一步加强科学技术普及工作的意见》《"十四五"国家科学技术普及发展规划》等文件的出台,将科普工作推向新的历史高点。2023年2月21日,中央政治局专门就加强基础研究与夯实科技自立自强根基进行第三次集体学习,其中,习近平总书记特别提到要加强国家科普能力建设,深入实施全民科学素质提升行动,要在教育"双减"中做好科学教育加法,激发青少年好奇心、想象力、探求欲,培育具备科学家潜质、愿意献身科学研究事业的青少年群体。

面对新时代新要求,科学传播与科学教育如何实现高质量发展?在这一方面,我欣喜地看到《科学传播与科学教育(第二辑)》汇聚的前沿研究与新颖观点:

一、科普智库建设支撑科普高质量发展。智力资源是科普高质量发展最宝贵的资源和动力,但当前我国科普工作与智力资源的智库化组织建设未能有效融合。本辑中有学者梳理并剖析了科普智库建设的现实逻辑和三个关键要素,提出加强对科普智库建设相关理论和实践问题的研究和思考。

二、科普人才支撑科普高质量发展。科学技术是第一生产力,人才是第一资源,加快培养科普人才是构建创新型社会的必然要求。本辑中有学者聚焦作为我国实施科教兴国战略的重要场所科技馆,从人才发展理念、人才建设和培养、人才构成以及评价体系等方面探索人才驱动的现代科技馆发展模式。

三、科普作品支撑科普高质量发展。科普高质量发展离不开高水平的科普创作。本辑中有三篇文章关注科普影像作品,如有学者探讨从叙事结构与视听语言上优化科学纪录片的传播策略;有学者提出发挥科学纪录片的比较优势,与多种作品形态通过多样传播渠道共同形成科学传播合力;还有学者通过对中美两国电影中的科学家形象分析,为我国电影在科学家形象塑造上提出建议。

四、科普高质量发展以支撑科学决策。科普能够提高决策者的科学决策能力及决策的科学性水平,发挥服务党和政府科学决策的职能。本辑中有学者就大学生群体新冠疫苗科普信息搜寻意愿的影响因素展开研究;也有学者通过对媒体报道的内容分析来显明医疗人工智能的社会认知情况,这为相关卫生、科技政策的制定奠定科学决策的循证基础。

五、科普高质量发展以培植创新沃土。"创新文化"是创新生态体系中最起作用但最隐蔽的要素,科普又是更深一层的繁荣创新文化的重要动力。本辑中有学者以中国科学技术大学量子团队为例,探讨科技创新团队与城市创新环境的互动关系;还有学者探讨"互联网+"创新创业大赛在创新文化培育中的作用及科学教育与科学传播的融合发展路径。

可以说,《科学传播与科学教育(第二辑)》内容丰富,充满真知灼见,由此我感觉"科学传播与科学教育"系列能够努力办成智库型的出版物,为科普工作咨战略之事务,伐发展之谋略,畅对话之渠道,育青年之学人,助力和见证科普高质量发展。

周忠和

2023 年 3 月 3 日

# 目　　录

# 科普智库建设的现实逻辑与关键要素研究

胡　芳　王小明

上海科技馆，上海　200127

**摘　要**　结合科普研究与实践，深入剖析科普智库建设的现实逻辑，指出专业科普智库缺乏，影响了支撑覆盖广泛的、庞大的现代科技馆体系作用的发挥。鉴于科普具有非常明显的跨领域、跨学科的特征以及决策影响的广泛性，提出了科普智库的定位和内涵等基本要素。根据科学普及与科技创新同等重要的要求，分析了科普智库建设的人才、内容生产和考核评价三个关键要素，提出要加强对科普智库建设相关理论和实践问题的研究和思考，科普智库需针对我国科普事业发展和科普产业需求的全局性问题、重大问题等开展前瞻性、长期稳定性研究，推动我国科普事业高质量发展。

**关键词**　科普智库；现实逻辑；内涵界定；建设要素

## 1 引　　言

习近平总书记提出“科技创新、科学普及是实现创新发展的两翼，要把科学普及放在与科技创新同等重要的位置”[1]的科学论断，反映出科普工作的重要性，科普对构建社会的创新氛围和科技人才培育起着愈发关键的作用。当前，科学文化建设已成为全球共识，现代科技持续创新本身也需要科学文化的支撑，科学技术在推动社会发展中的重要作用越来越明显。这就要求我们不断提升科学普及的质量和效果，一方面要及时把政府与科学界、媒体、公众等交流内容及形成的科学观念进行有效传播，另一方面要不断给政府在科普、科学文化等领域的决策提供选择和判断的依据。再者，随着科学技术与社会发展的相互渗透，越来越多的学科边界被打破，跨学科融合式创新成为研究的新趋势，因此，科普跨学科、跨领域的特征也越来越明显，其自身也形成了一个复杂的体系，需要科学思维和科学研究的指引。

许多研究表明，智库是相对稳定且独立运作的政策研究和咨询机构，具有理性决策外脑、多元政策参与渠道、决策冲突的理性辨析平台三个主要职能[2-4]。智库既为政策制定者提供专业化的建议，又面向社会发布研究成果，倡导思想和理念，揭示趋势和方向[5]。智库的建设和发展受到党和国家的高度重视，习近平总书记在多次重要讲话中强调加强智库建设[6]。2015 年 1 月中共中央办公厅、国务院办公厅联合印发了《关于加强中国特色新型智库建设的意见》[7]，提出构建中国特色新型智库发展新格局。根据宾夕法尼亚大学的《全球智库报告 2020》统计，至 2020 年末，我国拥有 1413 家智库机构，这一数量仅次于美国[8]。遗憾的是，该报告从 15 个研究领域对全球智库进行分类排名，其中并没有科普或科学传播智库的类别，可见全球都缺少专门的科普智库，这对科学文化传播、助力全球科技创新发展都会产生不利的影响。

目前科普智库的专题研究论文非常少。通过对 20 余个外文数据库检索近 20 年的出版物，发现目前并没有探讨科学传播智库或科普智库的专题研究论文。在中国知网检索近 20 年发表的论文，仅有 7 篇直接探讨科普智库，均发表于 2021 年以后，主要是论述科普智库建设的重要性，并就智库建设提出建议[9-10]，汝鹏等[11]分析了高端科普智库的基本特征，并通过与其他领域智库比较，提出了治理体系等方面的建议，张英[12]提出科普智库能够促进应急科普的全面发展，周严等[13]探讨了地方科普智库的建设路径，任福君[14]剖析了上海科技馆建设高端科普智库的可行性，并给出建议。我们认为这些研究从宏观的角度或单一视角的方式，梳理了科普智库建设的重要性。本文拟结合科普研究与实践，剖析科普智库建设的现实逻辑，探讨科普智库的内涵与定位，分析科普智库建设的关键要素，以期推动高端科普智库的建设。

# 2　科普智库建设的现实逻辑

## 2.1　科普基础设施日益完善，思想策源仍需加强

科普场馆是面向全民开展科普工作的最重要的载体，科技部发布的 2020 年度全国科普统计数据显示，2020 年全国共有科技馆和科学技术类博物馆的数量、建筑、展厅面积 3 个指标数据均连续 5 年保持增长[15]。除了单体实体科技馆的不断兴建，中国特色现代科技馆体系(以下简称“科技馆体系”)也取得了长足发展。科技馆体系以各级各类科技馆为核心，统筹流动科技馆、网络科技馆和科普大篷车，同时辐射社区科普活动室、科普画廊、青少年科学工作室、基层公共文化设施、农村中学科技馆、社会机构科普活动，科技馆体系涵盖并辐射各类科普基础设施和活动，覆盖了从

各级城市到乡镇、从社区到学校的各类人群[16]。科技馆体系服务线下公众超过8.5亿人次，中国数字科技馆用户达到1500多万。在《现代科技馆体系发展“十四五”规划（2021—2025年）》中提出了加强科技馆体系基础设施建设、强化全国科技馆联动共享、推动省级科技馆体系创新升级、促进科技馆体系融合发展等目标任务[17]。由此可见，我国科普基础设施日益完善，并在不断加强。但是如何提升科技馆体系中各类科普机构的协同发展、融合共享与服务升级，还需要从实践中不断总结归纳，进而构建中国特色科普理论体系，更需要用新的研究范式、跨界融合的方式进行长期的前瞻性理论研究，为科普领域的实践进行引领性指导。目前，我国从事专门科普研究的只有中国科普研究所、中国科协-清华大学科技传播与普及研究中心、中国科学技术大学、浙江省众创科普研究所等为数不多的机构，不足以支撑覆盖广泛的、庞大的科普实践体系。2011年国家文物局发布的《博物馆事业中长期发展规划纲要（2011—2020年）》要求“省级以上博物馆和国家一级博物馆的研究水平和能力达到与普通高校基本相当”[18]。近代公共博物馆自诞生300多年来，博物馆的定义、功能、形态几经变化。如今，在科技飞速发展的时代背景下，博物馆似乎又来到了变革的十字路口。2021年5月由中宣部等九部委联合印发的《关于推进博物馆改革发展的指导意见》明确要求“推动研究型博物馆建设”[19]。国际博物馆协会2022年对博物馆定义的修订也反映出对博物馆研究的高度重视。与现代科技馆体系建设取得的成就相比，目前的科普思想策源和科普理论体系研究是非常薄弱的，难以指导场馆建设和科普事业的快速发展。

## 2.2 科普跨领域、跨学科，亟须构建自身理论架构

依据《中华人民共和国科学技术普及法》，科普是全社会的共同任务，涉及领域广泛，满足青少年、农民、产业工人、老年人、领导干部和公务员等不同人群的需要[20]。鉴于科普研究涉及的领域广、跨学科特点十分明显，研究结论和提出的相关措施的影响面非常广泛。2021年底，由中国科学技术馆、故宫博物院、中国物理学会等16家机构（含上海科技馆）共同发起的中国科技文化场馆联合体成立，表明了科普与文化基础设施进一步跨界融合，协同发展。在理论研究层面，科普与文化也需要打破界限，跨学科开展研究。这些进一步反映了单一学科无法支撑科普研究，科普研究的理论基础急需基于多学科交叉进行重构，推动研究工具的不断开发和科普理论架构的完善。因此，非常有必要建立科普智库来促进学科交叉，以人文科学、自然科学和工程学的多视角与多学术视野的研究，进行前瞻性的理论探索，不断拓展新的研究领域，分析研判科普领域发展的趋势与方向，通过对不同知识领域的不同范畴的“集成”和“转译”，搭建起与政策话语、学术话语、媒体话语等频繁互动的话语

体系,推动政府和相关机构的决策和公众的理解,更好地回答社会大众的需要、政府的需求,更有效地传播科学文化。

## 2.3 专业科普智库运行机制急需完善和深化

通过查阅宾夕法尼亚大学的《全球智库报告 2020》、"中国智库索引"(CTTI),同时用"科学传播""科技传播""科普""科普研究""智库""science communication""science popularization""public science communication""public engagement""think thank"等关键词在百度、必应等网站,以及"中国知网"数据库、"Springer"、"SAGE"等 20 余个中外文数据库检索发现,目前国内外并没有真正意义上的科普智库。从广义上来讲,目前我国涉及科普智库功能的机构主要是中国科协体系下以中国科普研究所为核心的机构,包括科普研究所本身,以及依托其建立的"科普中国"智库;另外,中国科协分别与北京大学和清华大学联合成立的科学文化研究院以及科技传播与普及研究中心,可以看做是合作型智库,其组织架构较为松散,以高校和中国科普研究所的专家为主体并吸收中外知名学者组成,旨在打造"高起点、开放式、国际化"的科技传播与普及研究机构。中国科普研究所是中国唯一从事科技传播和科普理论研究的中央级公益性科研院所,作为科研院所,其治理结构与智库有着不同的特征。研究机构和智库的区别主要表现在:一是价值取向不同,科普研究以学术能力为导向,以产出和考核学术论文为主,科普智库以决策咨询能力为导向,以产出和考核咨询报告为主;二是科普智库和科普研究在研究方向、选题、研究范式、话语体系和关注点上都存在很大差异;三是科学研究侧重于回答"是什么",而科普智库研究更聚焦于回答"怎么样"。科普智库的内涵和定位还需要进一步深入思考、明确,并构建符合智库职能和定位的架构体系与运行机制。最近,中国科普研究所和上海科技馆先后成立或筹建高端科普智库,可以视为真正意义上科普智库建设的开启。

# 3 科普智库的内涵与定位

2015 年 1 月中共中央办公厅、国务院办公厅联合印发的《关于加强中国特色新型智库建设的意见》指出中国特色新型智库是以战略问题和公共政策为主要研究对象、以服务党和政府科学民主依法决策为宗旨的非营利性研究咨询机构[21]。科普智库作为智库的一类,在其自身属性、组织架构和服务主体上具有一般智库的特征。首先在主体性质上,科普智库应当是独立稳定的,同时跨界融合、与外部机构形成架构的、有影响力的政策研究和咨询机构。其次在目标和服务对象上,科普智库要从整个科普发展史的视角出发，研究科普发展的内在机制和演化路径，通过打造一批有特色、有影响的决策咨询品牌，服务政府决策，引领社会思潮。科普智库不能一味以政府决策咨询需求为导向，而是要将政策制定者和社会公众并重，以决策需求和发展需求为双重导向。在研究对象上，科普智库一方面研究国家创新发展中与科普发展相关的战略性、前瞻性和储备性问题，预判科普发展趋势等，并为相关决策提供专业化建议和咨询服务；另一方面，随着科技的迭代发展，科技社会的风险不断增长、应急科普的需求日渐旺盛、公众对科学文化消费的需求也不断攀升、科普实践的参与者不断多样，科普智库也需要面向行业、面向公众，向社会发布研究成果，共享科普思想和理念，揭示科普的发展方向。同时，我国的科普智库建设起步于大数据驱动的时代背景中，研究范式也正向数据驱动靠拢，积累优质数据、依托数据分析、转化成智库话语，将是科普智库的一个重要发展方向。

简单地讲，科普智库应该从科普发展史的视角出发，采用跨界融合，文、理、工程交融的方式，在新兴技术和大数据的支撑下，主动探索科普行业的全局性、战略性和前瞻性问题，为政府提供决策参考，向社会共享科普思想，从科学战略层面助力科普事业和产业高质量发展。

周仲高[22]指出智库的分类标准有两类：一类是外部标准，一类是内部标准。考虑到外部标准的多样性，不同的学者按所属系统、性质、资金来源等进行分类[23-25]；而内部分类标准有利于智库分类体系的稳定，周仲高依据智库在学术研究/现实问题解决、单一专业性研究/综合多学科研究两个维度上的倾向性，把智库分别为学术思想库、战略型智库、策略型智库、政策型智库、专业型智库、应用型智库六大类。从科普智库的理念和功能等基本内涵出发，科普智库可以定位为“专业＋应用型”智库，以专业的学术力量支撑科普的实践应用，进而辅助决策；随着不断发展，其定位也可以发生变化。考虑到科普的特点，科普智库可以建立科普智库体系，使不同层级的科普智库有所侧重，有所专长，发挥各自优势，形成科普跨学科领域中不同特色的专业智库。如大型综合型科普智库可能既是学术思想库，又是战略型智库和策略型智库。小型智库则必须形成自己的专业特色，成为学术领域的思想输出者，同时为科普实践机构提供策略和应用指导。总之，科普智库在建设之初就要结合内、外部条件，对自身进行准确定位，通过定位指导发展，同时通过发展不断修正定位。

# 4 科普智库建设的关键要素

科普智库是中国特色新型智库建设的重要力量，建设科普智库是在科普领域构建中国特色与中国气派的学术体系、话语体系，要从建设中国特色新型智库的重大意义出发,从全球科学文化传播和共享的角度去思考科普智库的理论架构,去研究科普智库建设方式和运行机制中的关键要素,提出具有针对科普事业和产业发展战略的中国原创理论,构建中国特色的学术话语体系,从而使科普智库成为行业的思想库,更好地服务于国家重大需求和科普重大决策部署。鉴于科普领域的现状和智库特点,我们认为科普智库的建设,要充分借外脑、用外力。在与外围机构的合作模式上,根据合作主题选择外围合作机构和遴选关键研究人员。科技智库或其他相关智库,高校、研究机构,科普载体(如科普场馆、科普企业等),学会、协会、媒体等都可以作为选择的合作机构,通过人才吸纳与培养、研究项目合作、研究数据积累、理论架构的夯实、研究范式的构建和宣传推广等,逐步形成专门的科普智库合作网络,推动科普事业和产业的高质量发展。结合已有科技智库发展的特点,我们认为科普智库的建设和运行最关键的要素就是人才队伍建设、成果产出以及考核评价。

## 4.1 构建跨学科复合型、高端人才队伍,完善人才考核机制

人才不仅是智库的重要组成部分,也是智库权威性与公信力的重要标志,同时决定着智库成果的质量,可以说人才对智库的影响力具有决定性作用,因此科普智库首先要加强自身建设,以更加灵活的方式和浓厚的学术氛围吸引不同类型的高端人才加入;其次要加强人才队伍建设的顶层设计,充分发挥专家、学术顾问和智库研究人员各自的优势,打造各类人才协同合作的智库队伍。科普智库的研究人员必须具有前瞻性、战略性眼光,必须拥有超一流的综合研判能力和长期跟踪研究能力。对于本身就具有跨学科、跨专业特点的科普领域而言,科普智库的科学研究需要自然科学的定量化的研究思路与社会科学的大时空的研究理念相结合,才能产生出高质量、有影响力、对实践发挥引领和指导作用的成果,这决定了科普智库应当构建横跨社会科学与自然科学的智库人才队伍,在实践中形成科普领域的战略科学家,并带动人才队伍整体能力提升。从知识角度来说,科普智库的人员应是经验丰富的研究人员,而必不可少的则是具有一定影响的专业代表性人物,如知名专家和有政府部门工作经验的官员,既要熟悉国家政策,善于开展重大问题和社会热点问题的政策调查研究,又要有扎实的理论学术基础。为保证科普智库人才队伍的稳定性与灵活性,应形成一支长期聘用人员和项目制聘请的研究人员组成的专兼结合、数量少而精的人才队伍。无论是专职人员,还是兼职人员,智库的所有人员都具有流动的特点,人员的流动也是智库人才培养的一种重要方式。对于科普智库而言,人员的流动既存在于政府和智库之间,也存在于智库和高校研究机构、科普场馆等实践机构之间,通过人员流动,畅通咨政建言渠道,扩大面向公众的科普服务能力,同时,积累智库数据,夯实数据基础,提高知识生产能力,完善科普理论架构体系,引导科学

文化的传播与普及。

除了人才的吸纳与培养，对人才的考核评估也至关重要，评估有助于激励其成长与工作投入，完善职业规划，并促进高质量智库成果的产出。研究发现，所有智库都会对智库人才进行年度考核，70%被调研的智库会定期评选"杰出研究员"，30%的智库建立了专业智库人才标准，用于资格认证和能力评估[26]。智库人才评价要建立科学全面的评价指标体系，如以决策咨询与学术贡献、社会传播、国际合作为智库人才评价维度[27]；或者认为智库人才在智库中的活动是知识生产，从知识获取力、知识创造力、知识使用力、知识共享力、知识转换力以及知识应用力6个方面来构建人才评价体系[28]；或者从智库管理运行机制的视角，提出基于岗位职责，结合品德、能力成果对智库人才建立主观与客观评价相结合、机构内部与外部相结合的评价机制[29]。对于科普智库来说，建立服务于科普智库高质量发展人才评价体系刻不容缓。不仅要从智库影响力角度统筹考虑人才的行业影响力、社会影响力、政府影响力、国际影响力，而且还要同时考虑到科普行业涉及较多领域，如科技、传播、教育、心理等，并基于专业特色从智库能力角度评价人才的研究能力与成果转化应用能力等，形成评定标准和有利于合作研究的成果认定等制度，尽可能科学、合理、全面地评价科普智库人才。

## 4.2 精准定位与选题，形成体系化特色智库成果

智库研究是所有智库的核心产品，其建立在独到的问题判断、深厚的理论基础、科学规范的研究工具和方法上。科普事业的发展在我国有其独特脉络和体制设计，对应着一系列独特的问题，亟待凝练并形成共识。相关研究目前涉及教育学、传播学、管理学、社会学、情报学、博物馆学等学科，未来应该有人文科学和自然科学、工程科学交叉融合的研究新范式，有更多样的、不同视角的思想资源，但最终需要形成自身理论体系、开发适用于解决其独特问题的研究工具，这将是短期内我国科普智库建设的重点方向之一。

科普智库的研究领域与方向由智库的目标定位决定，应该具有稳定性和持续性，其研究成果既具有开创性，又具有指导性，指导顶层决策，引领未来行业发展。因此，科普智库就是要通过精准选题不断生产知识、创新研究方法与工具、开拓新领域。科普智库的选题应考虑四个方面：一是要考虑长期跟踪的专业研究，如公民科学素养、科技创新成果科普转化、场馆科学教育、场馆展陈设计如何易感知更有趣的规律、跨学科跨领域的工作平台和研究团队建设的规律、如何传播开放性的科学问题等，其以多样性方式输出研究成果，如蓝皮书等持续出版的方式，这应当是每一个科普智库长期坚持的选题方向，也是科普智库的核心竞争力；通过智库的专业研究，

最大化提升科学文化内容的丰富度,同时通过智库在理论层面的积累与共享,促进科普场馆等基础设施学术研究职能的深化,在宏观和中观层面开展具有国际水平和中国特色的研究。二是要考虑政策驱动的研究,即与政府部门保持紧密联系,了解其决策需求,深入实际,开展学术性、前瞻性、储备性研究,提出好对策,引导政策制定的科学性;除了政策制定外,政策驱动的研究选题也包括对政策的阐释、评估,以及对关乎科普发展的重大问题的科学、准确的理论解读,提出合理可行的、针对性强的建议方案等。三是要考虑针对热点问题和突发公共事件的及时研究,及时向公众进行科普宣传和科普教育,使公众第一时间获得正确的价值导向,做出科学的判断。科普智库应通过历史经验储备足够的数据与知识,并逐步构建成熟的、针对突发问题的研究机制与工作机制。四是对应技术变革的研究,这也是知识进化过程中不断适应环境的表现;技术的迭代重构了科学传播的渠道与模式,科普场馆的科学、艺术与技术的深度融合,微信、短视频等新兴的传播渠道都应当成为科普智库的研究选题。同时,科普智库本身也要积极拥抱技术变革,在实体智库的基础上构建数字化的开放平台,构建大数据驱动的科普智库,其科学决策、应急决策与预测能力将会大幅提升。

科普智库建设数字化平台主要有两个目的,一是快速获取并长期积累数据,二是实现实时沟通,获取多元观点与思想,促进科普智库的知识创新。在数据快速获取与积累方面,科普智库需要通过开放平台获取各个领域开展科普实践的一手数据,可以通过合作的形式,与各类科普实践机构打通数据渠道,通过大体量、实时更新的大数据支撑全面、科学、及时决策,提升智库的预测能力。在实时沟通方面,科普智库可以通过数字化平台实现研究议题的开放讨论,由于实体智库专家的数量有限,通过开放平台则可以获取无数专家的观点,同时也可以获取民间的思想,对研究问题有一个全视角的判断,与此同时,数字化智库获取多元观点的过程也是智库积累人脉、扩大影响力的过程。

在不同的研究选题中,科普智库通过整合、挖掘多类型主体的信息资源,最终将这些资源转化为智库话语,输出为调研报告、蓝皮书、国家标准、内参专报、研究论文等有形的智库成果,构建政策话语、学术话语和公众话语,既向决策制定者做出社会现实的“科普”,成为决策依据,也向行业和公众做出相关政策的“科普”,促进社会理解政策,形成促进科普发展、推动科技创新的协同合力。

## 4.3 强化目标导向,构建多视角、多维度的综合评价体系

目前国内外关于智库的评价尚无统一标准,较多学者从不同理论视角来构建评价体系,采用不同方法来进行具体的评价。例如在评价维度方面,《中国智库报告影

响力排名与政策建议》以决策、学术、媒体、公众、国际等影响力和智库成才与营销能力作为一级评价指标;《全球智库评价报告》则从吸引力、管理力和影响力三个维度来评价[30]。在评价模式方面,国际科技智库主要有三种模式:以政府为主导,主要评价对国家发展的意义和运营状况;以市场为主导,主要考察智库产品质量和影响力;以第三方为主导,主要评价发展现状和前景[31]。在评价方法方面,国内有定性、定量、定性定量混合三类。文献研究表明,近年来,国内外智库评估大多以智库影响力为主要评估维度[32]。我们认为,科普智库的评价要强化目标导向,进行全方面、全过程评价,建立健全智库建设考核的综合评价体系。科普智库的评价要按照定位、特点、功能相匹配的原则,设计科学合理的评价指标。既关注科普智库的建设效果评估,从科普政策研读到选题价值、研究成果产出的方式、成果转化和应用的能力等多维度评估,又关注科普智库在行业中的认可度、政府的信任度、社会和国际等的影响力等多视角的评价。同时借助大数据、数字化的方式和平台,形成人人可以理解、可以参与的智库开放评价体系,最终构建多元评价主体、多元评价维度,定量与定性结合、主观与客观结合的评价方式,并基于理论构建由近期、中期、远期的阶段性评价方案组成的动态评价和成效周期评价模式的科普智库评价体系。

# 5 结 束 语

作为创新发展的两翼之一,科学普及的发展也进入了快车道,这对科普智库的建设提出了更高、更迫切的需求。目前,我国科普智库的理论探讨和实体建设还处于起步阶段,需要紧密围绕党中央的“同等重要”要求,立足科普领域的特点和优势,从现代科技馆体系等载体的使命角度,从科普智库建设的理念、定位、功能等内涵出发,加强对科普智库建设相关理论和实践问题的研究,建立适应未来发展的科普学术体系。同时,针对我国科普事业发展和科普产业需求的全局性重大问题,针对与公众科学素质提升密切相关的问题开展前瞻性研究、长期稳定性研究、预判性研究,形成具有理论价值和实践意义的研究成果,引导科学文化的传播与普及,推动我国科普事业高质量发展。

# 参 考 文 献

[1] 中华人民共和国科学技术部. 习近平:为建设世界科技强国而奋斗[EB/OL]. (2022-05-08)[2017-05-26]. http://www.most.gov.cn/ztzl/qgkjcxdhzkyzn/xctp/201705/t20170526_133095.htm.

[2] 薛澜. 智库热的冷思考:破解中国特色智库发展之道[J]. 中国行政管理,2014(5):6-10.
[3] Weaver K R. The changing world of think-tanks[J]. Political Science and Politics,1989,22(3):563-578.
[4] 朱旭峰. 构建中国特色新型智库研究的理论框架[J]. 中国行政管理,2014(5):29-33.
[5] 潘教峰. 智库研究的双螺旋结构[J]. 中国科学院院刊,2020,35(7):907-916.
[6] 何巧源. 中国特色新型智库研究全景:以2013—2021年CSSCI的论文为例[J]. 智库理论与实践,2022,7(2):32-41.
[7] 中共中央办公厅、国务院办公厅印发《关于加强中国特色新型智库建设的意见》[EB/OL]. (2022-05-18)[2015-01-20]. http://www.gov./content_2807126.htm.
[8] 美国宾夕法尼亚大学. 全球智库报告2020[R]. 宾夕法尼亚:宾夕法尼亚大学,2021.
[9] 刘益东. 高端科普智库建设的重要意义[J]. 科普研究,2021,16(1):5-7.
[10] 吴晓华. 从国家高端智库建设谈高端科普智库建设[J]. 科普研究,2021,16(1):10-11.
[11] 汝鹏,付文婷,何持之. 高端科普智库的内涵、治理体系与建设路径[J/OL]. 科学学研究:1-12. [2022-06-16]. DOI:10.16192/j.cnki.1003-2053.20220124.005.
[12] 张英. 科普智库助力应急科普[J]. 科普研究,2021,16(1):13-14.
[13] 周严,刘敏,贡婧宇. 公共服务视域下地方科普智库的建设路径研究[J]. 天津商业大学学报,2022,42(3):59-64.
[14] 任福君. 打造高端科普智库需要关注的几个方面:以上海科技馆科普智库建设为例[J]. 科学教育与博物馆,2021,7(6):492-496.
[15] 中华人民共和国科学技术部. 中国科普统计:2021年版[M]. 北京:科学技术文献出版社,2021.
[16] "中国特色现代科技馆体系'十三五'规划研究"课题组. 中国特色现代科技馆体系建设发展研究报告[M]//束为. 科技馆研究报告集:2006—2015:上册. 北京:科学普及出版社,2017:212-242.
[17] 中国科学技术协会. 现代科技馆体系发展"十四五"规划:2021—2025年[J]. 自然科学博物馆研究,2021,6(6):5-9.
[18] 国家文物局. 关于印发《博物馆事业中长期发展规划纲要(2011—2020年)》的通知[EB/OL]. (2022-06-30)[2012-02-02]. http://www.ncha.gov.cn/art/2012/2/2/art_2237_42262.html.
[19] 中央宣传部 国家发展改革委员会 教育部 科技部 民政部 财政部 人力资源社会保障部 文化和旅游部 国家文物局关于推进博物馆改革发展的指导意[EB/OL]. (2022-05-18)[2015-01-20]. http://www.gov.cn/zhengce/zhengceku/2021-05/24/con-

tent_5610893.htm? _zbs_baidu_bk.

[20] 中华人民共和国科学技术部. 中华人民共和国科学技术普及法[EB/OL]. (2022-05-09) [2002-06-29]. http://www. most. gov. cn/xxgk/xinxifenlei/fdzdgknr/fgzc/flfg/200811/t20081129_65696.html.

[21] 中央政府门户网站. 中共中央办公厅、国务院办公厅印发《关于加强中国特色新型智库建设的意见》[EB/OL]. (2022-05-18)[2015-01-20]. http://www.gov.cn/xinwen/2015-01/20/content_2807126.htm.

[22] 周仲高. 智库的科学分类与准确定位[J]. 重庆社会科学,2013 (3):116-120.

[23] 谢曙光,蔡继辉. 中国智库名录:2015[M]. 北京:社会科学文献出版社,2015.

[24] 任林茂, 王伟静. 我国新型智库的分类、特点和能力提升策略[J]. 高教探索, 2017 (4):37-42.

[25] 王廉,崔成江,陈之明. 智库科学分类与评价标准分析[J]. 经济师, 2017(3):35-37.

[26] 申静, 张璐, 刘莹. 创新驱动的社会智库人才机制模型构建及应用:以国外社会智库为例[J]. 图书馆杂志, 2021,40(10):25-33.

[27] 李蒙, 余宏亮, 李永周,等. 高校智库人才影响力评价体系建设与启示:基于湖北 57 所高校研究基地智库人才的调查[J]. 中国科技论坛, 2018(9):134-140.

[28] 王娜, 李辉, 张玲. 知识嵌入视角下智库专家评价框架的构建[J]. 智库理论与实践, 2022,7(1):3-12.

[29] 卢江阳. 中国特色新型高端智库人才管理运行机制研究[J]. 中州学刊, 2021(10):75-81.

[30] 郭瑞,杨天通. 我国智库评价研究:现状与未来展望[J]. 智库理论与实践, 2022,7 (1):51-60.

[31] 王子丹, 袁永. 基于国际经验的科技智库评价体系建设研究[J]. 科技管理研究, 2020,40(12):70-75.

[32] 张伟. 智库能力评价与创新[M]. 北京:中共中央党校出版社, 2017: 24-25, 61.

# Research on Realistic Logic and Key Elements of the Construction of Think Tank for Popularization of Science

HU Fang, WANG Xiaoming

Shanghai Science & Technology Museum, Shanghai 200127

**Abstract** Combined with research and practice on popularization of science, the realistic logic of the construction of think tank for popularization of science was deeply analyzed, Because of the lack of professional think tank for popularization of science, it affected the function of the extensive and huge modern science and technology museum system. In view of the cross-field and cross-discipline characteristics of science popularization and the extensive influence of decision making, the basic elements of the orientation and connotation of think tank for popularization of science were put forward. According to the requirement that the science popularization and science and technology innovation are equally important,the human resource, the products and the evaluation of think tank for popularization of science were analyzed. The paper put forward that the research and thinking on the theoretical and practical problems related to the think tank for popularization of science should be accelerated. Think tank for popularization of science should carry out forward-looking, long-term and stable research on the overall problems and major problems of the development of science popularization and the demand of science popularization industry in China, so as to promote the high-quality development of science popularization in China.

**Key words** think tank for popularization of science; realistic logic; connotation definition; key elements in construction

## 作者简介

胡芳,女,硕士,上海科技馆科学传播中心科学传播研究部部长,副研究员,主要研究方向为科学传播与科学教育。

王小明,男,通信作者,博士,上海科技馆馆长,二级教授,主要研究方向为科普理论研究与博物馆管理。

# 科学纪录片《与恐龙同行》的叙事与传播技巧

窦一鸣[1)]　张增一[2)]

1）北京外国语大学亚洲学院，北京　100089

2）中国科学院大学人文学院，北京　100049

**摘　要**　科学纪录片是一种广受公众欢迎的科学传播载体。本文基于叙事学理论，以BBC史前系列科学纪录片《与恐龙同行》为研究对象，从叙事结构、听觉叙事语言、视觉叙事语言等方面入手，分析了该系列使用的科学传播技巧。研究发现，《与恐龙同行》在听觉叙事和视觉叙事效果的双重作用下，从解说、音乐到自然音效，从丰富的镜头语言到电脑动画技术呈现的视觉奇观为观众逼真地重现了恐龙生活的世界。该系列纪录片主要使用了以下三种传播技巧：(1)对内容进行简化；(2)使用“讲故事”、戏剧化的叙事手法；(3)使用模型、CGI等技术进行可视化。这些传播技巧的综合运用，使该系列纪录片实现了科学和大众想象的结合、科学和娱乐的结合，增强了其科学传播效果。

**关键词**　《与恐龙同行》；科学纪录片；叙事结构；叙事语言；科学传播技巧

## 1　引　　言

科学纪录片是一种广受公众欢迎的科学传播载体。在中国，科学纪录片还没有形成规模化效应，传播能力和产业发展能力较弱，同时在具体的传播层面也存在着科学性与专业性不足、科学传播效果差强人意、话语表达方式不够丰富与多元等问题，特别是与英美等发达国家相比还有较大差距。英国是最早开始制作科学纪录片的国家，1957年，英国广播公司（BBC）在布里斯托尔成立了博物部（BBC Natural

History Unit),开启了科学纪录片制作的先河[1]。本文选择BBC第一部以复原史前场景方式制作的野生动物题材的科学纪录片《与恐龙同行》系列作为案例,分析其叙事和传播技巧,以期对我国科学纪录片的理论研究和制作实践提供一些启发。

## 2 研究对象与内容

科学纪录片是科学内容和纪录片形式的结合,是大众了解科学内容和科学家的大众观念的重要途径,也是科学传播的有效媒介。一方面,我国科学纪录片的发展起步相对较晚,需要学习和借鉴英美等发达国家的经验;另一方面,相比报纸、新媒体科普和科幻影视等,学界对科学纪录片的研究较少,从科学传播视角对其内容和叙事的研究则少之又少。从20世纪80年代开始,国外有文献从文本、声音和图像等方面对科学纪录片的叙事进行分析,也有学者从科学传播视角分析科学纪录片的内容和叙事,例如比恩韦尼多·莱昂(Bienvenido Leon)[2]、格蕾丝·瑞德(Grace Reid)[3]等。国内对科学纪录片叙事的研究进入21世纪才开始出现,目前仍停留在科学纪录片是如何讲故事的层面上,主要研究科学纪录片的"叙事策略与创作理念"[1],如徐甲子[4]、李媛媛[5]等的文章,缺乏从科学传播视角对科学纪录片内容和叙事所进行的相关研究。本文选择BBC科学纪录片《与恐龙同行》系列为研究对象,借助叙事学理论的研究框架,研究其叙事结构、特点及其科学传播技巧。

《与恐龙同行》由6集纪录片组成,于1999年播出,该系列的目的是利用当时最新的科学研究成果,向观众展示恐龙的生活及其时代。之所以选择《与恐龙同行》系列作为研究对象主要基于两个方面的考虑:首先,《与恐龙同行》系列是BBC第一部以复原史前场景的方式制作的野生动物题材的科学纪录片,让观众观看时仿佛穿越时空,回归荒野、回到恐龙生活的年代。而在此之前,其他史前的科学纪录片通常会围绕古生物学家的工作、理论以及这些理论的争议进行展示,这些影片虽然可以形成流行的恐龙概念,但在这些影片中恐龙本身并没有出现过。《与恐龙同行》系列则大量使用电脑动画技术和电脑生成图像技术(CGI)塑造出了"有血有肉"、有声音和画面的恐龙,它开辟了BBC自然历史节目的新模式,开启了BBC蓝筹纪录片的叙事新形态,是典型的开始将传统的科学呈现方式与以好莱坞为核心的奇观电影相结合的科学纪录片。其次,从传播效果来看,《与恐龙同行》系列也是BBC科学纪录片中非常成功的一部。第一集播出时就有1320万人观看,自播出至今,全世界已有超过7亿人观看了这部电视系列科学纪录片[6]。通过对该系列叙事和科学传播技巧的分析,希望对我国科学纪录片的理论研究和制作实践有所启发。

# 3 《与恐龙同行》的叙事结构

《与恐龙同行》采用经典的"三幕式"结构，即开头、发展和结尾，具体来说该片使用顺叙型的结构模式，开门见山、切入主题。在开头部分，该片一开始就介绍了恐龙出现前的背景，在第1分20秒，解说词"This is the world ruled by dinosaurs"（这是恐龙统治的世界）点出本片的主题；第1分23秒出现了恐龙打斗的画面。迅速入题后，该片就按照恐龙生存的时代、地点的内在逻辑开始叙事。该系列共有6集，每一集长度为29分钟，每一集的叙事结构既独立、封闭，又层层递进、紧密相关。该系列主要由"恐龙起源""恐龙繁衍""恐龙争斗捕食""翼龙衰亡""极地恐龙求生""恐龙衰亡"6个部分组成。前五集是该系列的发展部分，介绍了中生代（包括三叠纪、侏罗纪和白垩纪）时期的恐龙和其他古生物。第五集介绍了白垩纪中期生活在南极的恐龙，那时恐龙遍及地球每个角落，连南极也不例外，是恐龙鼎盛的时期，该片至此也发展到高潮。最后一集，该片视角转到白垩纪末期，恐龙统治地球已有1亿6000万年的情景。这个时期的恐龙由于遭受其他哺乳动物的攻击，存活率大大降低，加上后来气候巨变，逐渐走向灭绝。总的来看，《与恐龙同行》以故事为中心，借鉴了好莱坞经典的叙事结构，突出冲突性、戏剧性，精心设计悬念、疑问。

# 4 《与恐龙同行》的听觉叙事效果

## 4.1 解说词的运用

解说最基本的作用是交代信息。该片的解说采用全知视点。陈刚[7]指出，全知视点是指解说无所不知，他叙述出影片中任何一个人物所知或所未知的一切，也被称为"上帝之声"。用全知视点叙事，能让接受者知道故事的一切。我们都知道恐龙早已经消失，然而该片却让观众感到恐龙仿佛只是生活在地球上一个我们不知道的地方，极具真实感。《与恐龙同行》通过解说员向观众描述恐龙的特征，比如，恐龙会利用发出的滴答声来进行交流，来告诉对方海岸是安全的；恐龙会设置岗哨来警告其他同伴潜在的危险。该片解说的无所不知还体现在解说既熟知恐龙世界，也了解现实世界。一方面，解说会将动物的特点描述给观众，另一方面，解说还将恐龙世界同现实世界联系在一起，比如在该系列的第二集《巨龙时代》（*Time of the Titans*）中，解说评论到"梁龙的蛋与足球一样大"。以上的例子都可以说明解说为观众提供了丰富的信息。其次，《与恐龙同行》的解说词中涉及季节变化、成长、衰老、死亡和新生的自然循环的习惯性叙述。解说用威严的语调、严肃的声音吸引着观众的注意力,向观众描述眼前发生的事情。这种关于自然循环的习惯性叙述被不断重复,也大大增强时间感,在一定程度上强调和印证了该系列涵盖的1.6亿年的巨大时间跨度。比如在第一集的开头提到"前面的9个月没有雨",结束时又提到"9个月的干旱之后,降雨终于到来"。第二集《巨龙时代》的时间跨度为10年,片尾提到"现在是交配季节……10年前在森林里孵化的雌性梁龙长大到足以生育,准备交配。雄性梁龙开始献殷勤,摇动尾巴向雌性梁龙示好。"最后,《与恐龙同行》的解说词通过创作主体的"内视点"推测恐龙和其他动物的心理并进行描述,将人类的情感模式进行投影式呈现和隐喻性引导,为重现恐龙的世界打下基础。解说把该片中出现的恐龙和其他动物当成故事片中的人物一样看待,对恐龙进行了拟人化处理。

## 4.2 音乐的运用

《与恐龙同行》系列中不同情况下有不同主题的音乐,主要包括片头音乐、剧集主题音乐、角色主题音乐、情景式主题音乐等。片头音乐指每集剧情正式开始前的背景音乐,在本集片名出现后缓缓结束。《与恐龙同行》系列中六集的片头音乐都相同,将所有剧集结合成为一个有机的整体。

角色主题音乐,指纪录片主要角色出现时的背景音乐,本文主要分析该片的主角——恐龙出现时的背景音乐。该片每一集都有特定的主题,每一集的主题音乐为该集定下基调,还将该集中的不同镜头连接起来。以鸟手龙为例,鸟手龙的主题音乐开始是一段小提琴独奏,整体基调比较悲壮、凄凉,暗示了鸟手龙的结局。该片的作曲家想制作一个可以用于多种场景的主题音乐,因此鸟手龙的主题音乐在某些旋律上会有变化,以适应不同情境。在音乐的强化下,鸟手龙的旅程也是其走上死亡的过程。解说也强化了这一点,每当观众感到鸟手龙又有希望时,解说就会告诉观众鸟手龙遇到昆虫、雨水等问题。

情景式主题音乐,顾名思义,指特定情景主题下的音乐。在野生动物题材的科学纪录片中,故事的叙事通常以动物解决一个又一个的生存危机来推动故事情节发展[7]。危险的情景是野生动物题材的科学纪录片中非常重要的情节,这一点也体现在《与恐龙同行》系列中。因此,笔者选择该片中"危险情景"对应的"危险情景主题音乐"进行分析。这种情景主题音乐对引导观众的预期非常重要。在当今许多科幻电影中这类音乐也很常见——音乐听起来很怪异,以电子音乐为主,可以让听到的观众感到不安。带有电子元素的音乐因漆黑的画面而显得更加可怕惊悚,让观众感到更紧张。"危险情景主题音乐"在该片中出现过很多次,比如第一集,扁兽龙因为干旱死在沙漠中;第四集,当犹他盗龙出现对其他动物产生威胁时,响起一段非常独特的打击乐，节奏和变化都很快，似乎体现了犹他盗龙攻击时的内心动态，也让观众内心开始紧张。这些情景主题音乐和其他声音与屏幕上显示的画面一起创造了观众的感知——害怕、担忧、恐惧。音乐的节奏、音调及其他音乐制作本身的某些特征也会对听众产生影响。音乐引导观众的注意力，视觉和听觉，最后影响观众对整部纪录片的感知。

## 4.3 同期声的运用

同期声是指在拍摄影视画面的同时，同步记录的与画面有关的现场人声或自然环境中的音响。《与恐龙同行》系列中运用了丰富的同期声，例如，水中动物游动的水声、恐龙和其他动物的叫声、雨声风声、恐龙撞击树木的声音等。在《与恐龙同行》系列中，同期声主要有两种功能：首先，通过同期声，我们可以判断周围的环境和地点。其次，同期声在某些情况下对观众有暗示作用，通过环境声音和背景音乐，观众可以进行预判。比如，在动物发起攻击之前，同期声和音乐的渲染会给观众提示。在第五集《林海雪原的精灵》(*Spirits of The Ice Forest*)中有两个很好的例子：6′38″～7′30″，极地异特龙攻击雷利诺龙；17′02″～17′26″，小雷利诺龙独自来到河边，水中的酷拉龙对小雷利诺龙发起攻击。

在第一个例子中，极地异特龙对雷利诺龙发起攻击前，一开始环境声音非常安静，只能听到微弱的鸟鸣声，镜头在异特龙和雷利诺龙之间切换，观众可以看到异特龙在远处窥视，一群雷利诺龙聚在一起，时刻保持警戒。随后镜头转向异特龙的脚掌(图 1)，这时环境声音增大，突然响起异特龙脚掌与地上植物摩擦的声音，异特龙开始对雷利诺龙发起进攻。在第二个例子中，观众被告知“小雷利诺龙独自来到河

**图 1　异特龙的脚掌**

边”，这时我们可以听到微弱的环境声音，鸟叫声和水声。随后镜头切到水下，从水

下仰角拍摄酷拉龙,这时环境声音开始变大,强调酷拉龙游动时水流动的声音。镜头回到小雷利诺龙,环境声音再次响起,这时是响亮的河水晃动的声音,音乐还在继续,但环境声音比音乐更响亮,酷拉龙向小雷利诺龙逼近。酷拉龙发起攻击的同时(图 2),音乐和环境声音也达到高潮。攻击结束的那一刻,音乐停止,环境声音再次明显。通过分析发现,一开始出现的微弱的鸟叫声和水声让观众产生悬念,酷拉龙向小雷利诺龙逼近时越来越响亮的河水流动的声音,让观众意识到攻击马上就要开始。

**图 2　酷拉龙向雷利诺龙发起攻击**

总的来看,该片的音乐和解说成为恐龙世界和观众之间的调节器。该片使用恰到好处的音乐和解说引导观众的注意力,让观众得以用不同的方式看到影像、听到声音,注意到导演希望观众注意到的故事的各个方面。音乐可以很好地激发观众的情感,使他们对影片中某些恐龙产生同理心。而解说则用权威的声音,向观众讲述他们自身无法获得的信息,向观众介绍恐龙、帮助观众了解剧情走向。该片还大量地使用了自然音效,用来重构恐龙的声音,创造恐龙移动的世界,营造不同氛围。此外,《与恐龙同行》的声音创作者得到了古生物学家的帮助,他们先对恐龙的头骨进行研究,再去制片人那里调整角色声音、进行声音混合,直到所有人满意。Lang[8]认为,《与恐龙同行》系列中出现的动物声音可以适应不同的角色,满足了观众对不同恐龙声音的期望,例如体型较大的恐龙声音更为凶猛,体型较小的恐龙声音比较尖细。

## 5　《与恐龙同行》的视觉叙事效果

视觉奇观是 BBC 科学纪录片中很有代表性的特点,是指能给人带来冲击力和新奇感的视觉影像，常常以超常规方式的画面呈现作为表征。《与恐龙同行》借鉴了自然纪录片的风格，片中有大量对恐龙和其他大型野生动物的描绘，将壮丽的风景、美丽的日落和令人惊叹的全景画作为动物的背景，所有这些都暗示着一片尚未遭到破坏的原始荒野。在《与恐龙同行》中，视觉奇观主要通过三种途径实现：一是通过超常规镜头呈现人眼无法观察的视域；二是通过拍摄和剪辑手段营造视觉奇观；三是通过模型制作和电脑特效等高科技手段创造视觉奇观。

## 5.1 超常规镜头

摄像机的长焦距镜头、短焦距镜头、微焦距镜头的功能，以及水下摄像机、针孔摄像机、红外线摄像机等不同摄像机类型，使得镜头远远超出了人眼视域的有限范围。在《与恐龙同行》系列中，各种摄像器材和技术的应用，把史前的恐龙和动物的生活真切地呈现给观众。比如，第三集《险恶的海洋》(*Cruel Sea*)中出现了侏罗纪时期海洋中的恐龙。为了重现海洋爬虫动物的生存环境，制作团队利用水下摄像机拍摄了许多水下场景和环境作为素材。《与恐龙同行》系列中运用了大量特写镜头、大特写镜头。恐龙产卵、突然发起进攻等画面让观众大开眼界。

在第五集《林海雪原的精灵》20′34″～22′14″，木他龙对雷利诺龙发起攻击，并杀死了领队的雌龙。镜头从木他龙进入森林开始，随后我们看到雷利诺龙的哨兵放哨，木他龙向雷利诺龙逼近，随着木他龙移动，镜头在木他龙和雷利诺龙之间切换。在21′20″有一个木他龙的特写镜头，在21′24″我们看到雷利诺龙在树后跑，镜头快速跟随雷利诺龙移动、发生剧烈晃动，这增加了拍摄的强度，是典型的手持相机的拍摄效果。摇摆不定的效果给画面增加了一种“现实”的感觉，并且它促使观众参与进来，好像观众变成木他龙在狩猎雷利诺龙一样。该片中还使用了增强现实主义效果的镜头，这标志着一个不引人注目的真实摄制组的存在：摄制镜头意外地被交配中的恐龙的唾液所蒙蔽，或者在两个动物打斗时被水滴溅到[9]。这大大增强了该片的真实性，好像拍摄者真的回到了恐龙生活的时代。

## 5.2 拍摄和剪辑手法

《与恐龙同行》的拍摄团队为了还原恐龙生活的场景，去智利、加利福尼亚、新喀里多尼亚等地拍摄了大量的地貌镜头——这并不是因为史前动物可能生活在那里，而是因为这些景观类似于当时恐龙的生存环境——植被稀疏。快速的镜头剪接是创造影像奇观、增强影片节奏感和戏剧性的另一个重要手法。例如，在第三集《险恶的海洋》2′02″～4′40″两分多钟的时间内镜头切换25次，一个镜头平均6秒。这两分多钟给出的绝大部分是海洋中的画面，为了让画面富有变化，不让观众产生疲倦感,把持续性的镜头拆分拼接,把长镜头拆分为5段,使原来冗长枯燥的长镜头变成了短小跳跃的短镜头。剪接率高是《与恐龙同行》系列的镜头语言的另一特点。

## 5.3 模型制作和电脑特效

Van Dijck(2006)[9]曾指出,《与恐龙同行》系列的特写镜头利用制作的生物模型作为道具。这些模型就像是由人和机器运作起来的木偶;根据科学推测,这些模型道具经过数字处理,使它们能够正确地行走、进食或者移动。还有一些场景完全由数字动画制作而成。使用动画制作的生物和拍摄的模型都与它们的自然栖息地无缝地融合在一起。在BBC科学纪录片中,电脑特效常常被当做节目的主要呈现方式,创造出令人惊异的视觉奇观。《与恐龙同行》系列就利用了先进的电脑合成技术(图3)与模型重塑(图4)的方式,重新建构了存在于史前的恐龙和恐龙世界。《与恐龙同行》的制作团队邀请古生物学家一起对恐龙形象进行重构,对恐龙的复原主要以恐龙化石为基础,充分研究了恐龙的骨架,运用电脑技术完成,包括皮肤、鳞甲、颜色以及眼睛等。

**图3 对恐龙进行电脑合成**

总的来看,《与恐龙同行》系列中的听觉和视觉元素似乎都朝着同一个目标——恐龙世界的成功建构而努力。接下来,笔者将重点分析《与恐龙同行》制作团队在向观众呈现恐龙形象和恐龙世界时使用了何种科学传播技巧。

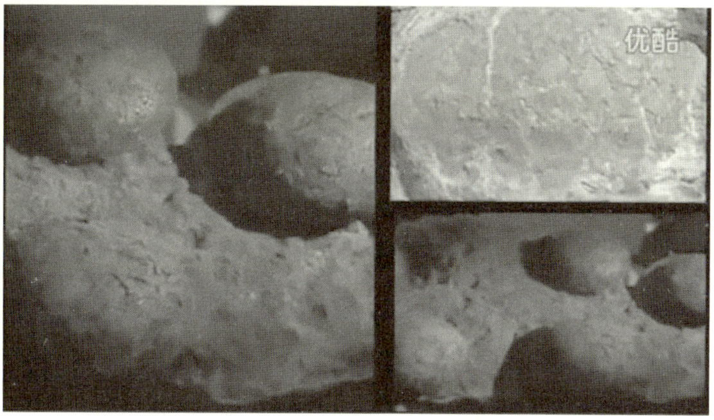


图 4　对恐龙进行模型重塑

# 6　《与恐龙同行》所使用的科学传播技巧

## 6.1　内容的简化

《与恐龙同行》在叙事过程中对内容进行了简化。首先，该节目使用无所不知的“上帝之声”，这种“全知视点”在一定程度上压制了争议，明确地告诉观众恐龙当时的心理和行为。解说用现在时态解释了恐龙如何进行日常活动，比如进食、交配、生存：“一只年轻的雄性恐龙试图通过走在雌性恐龙旁边来吸引雌性的注意，但交配对雌性恐龙来说可能是一种危险的行为。”其次，《与恐龙同行》还缩减了所描述事件的时间跨度，该系列试图在短短 6 集中呈现恐龙从出现到灭亡的 1.6 亿年的巨大时间跨度，因此经常使用类似“3 个月后”“5 年后”这样的描述。因此，在对季节变化、成长、衰退、死亡和再生等自然循环的习惯性叙述进行呈现时通常会以 10 年甚至更长时间为单位进行描述。第三，该系列还经常使用明喻、隐喻、拟人化等修辞技巧，将科学语言翻译成日常语言，将动物的一些特征与现实生活联系到一起。野生动物题材的科学纪录片中最常用的比喻主要是从栖息地和行为的角度来比较动物生活和人类生活的各个方面。制片人经常使用拟人化的比喻，将动物的实际特点与人类的现实经验相类比，从而增加观众对动物生活的兴趣，或提高观众对揭示某些科学事实的兴趣。例如前文提到该系列在介绍梁龙时评论道，“梁龙的蛋与足球一样大。”这种科学传播技巧在科学纪录片中非常常见，比如探索频道就经常采用拟人化的手法，把动物的行为拟人化，使观众感觉到它们与人类的共同之处，或使用拟人的表现形式，将观众的思想感情转移到影片要表现的事物当中去，使观众产生共鸣。科学家经常会出现在科学纪录片中,作为受访者对某个科学知识和原理进行解释。这些科学家们经常用明喻来解释他们的理论和观点。例如,粒子物理学家布莱恩·考克斯在科学纪录片《时间的真相》中把时空中的时间颗粒比喻成沙粒。正如 Silverstone[10]总结的那样:“纪录片的合理性在于它的归化,在于它的内在连贯性,在于它将自己的现实与‘每个人都知道’的现实相匹配。”

## 6.2 “讲故事”、戏剧化的叙事手法

《与恐龙同行》系列还使用了“讲故事”、戏剧化的叙事手法。正如 BBC 科学节目主任奥布里·辛格(Aubrey Singer)[11]所指出的,科学电视受制于结构原则和戏剧形式要求。因此,策划过程中应该优先考虑媒介呈现形式的要求,有时甚至会为了呈现效果忽略科学准确性的要求,尽量避免科学枯燥化。该系列主要是以恐龙的遭遇为中心叙事,有大量充满戏剧性的追逐和逃离的场景。Martill&Naish[12]指出,《与恐龙同行》是一次勇敢的尝试,该片以前所未有的方式展现了史前动物进食、繁殖、杀戮等行为。该系列借鉴了典型的虚构片的结构,在影片中构建情节和故事,使观众对某些角色产生共鸣,对某些角色产生厌恶,试图重构恐龙和它们生存的世界。Darley[13]认为,从某种意义上说,《与恐龙同行》有预先写好剧本,并对剧情进行严格管理的倾向,制片人不必担心拍摄活生生的动物时会发生的突发事件——该系列是从头开始编写并制作的,就像恐龙图像本身的编造和合成一样。《与恐龙同行》系列的叙事是公式化和封闭的,其修辞风格充斥着野生动物题材的科学纪录片所散发出的自信。

考虑到媒介的特殊性,保持节目戏剧性从而吸引观众,《与恐龙同行》中呈现了大量冲突和悬念。在野生动物题材的科学纪录片中,冲突似乎总是与生物为生存而进行的斗争有关。这些冲突有三种类型:一个个体面对恶劣的环境进行斗争;一个个体为对抗捕食者进行斗争;一个个体为了保卫领地或争夺雌性与同一物种的另一个个体进行斗争[2]。悬念主要涉及观众在角色(该系列中主要是恐龙)是否有能力达到目标方面产生的不确定性。除此之外,《与恐龙同行》中的音乐和同期声对于营造紧张、戏剧或悬念的情感场景也至关重要。

## 6.3 使用模型、CGI 等技术进行可视化

Van Dijck[9]指出,《与恐龙同行》之所以如此重要,是因为它突出的视觉风格(动画)不再仅仅被当做“说明”(illustration),而是计算机图形学(computer graphics)成为建构科学的不可分割的一部分——这是早些时候由社会建构主义者和科学哲学家提出的观点。一方面,使用模型、CGI 等技术进行可视化成为科学过程的一部分,

是建构科学的工具;另一方面,使用 CGI 等技术制造的视觉奇观同时还是电视娱乐化的要求,是将科学变成电视的创造性过程。可视化与科学论证是相互依存的。在《与恐龙同行》系列中,CGI 等从好莱坞科幻电影中借鉴的新技术的使用重新建构了存在于史前的恐龙和恐龙世界,让观众观看时仿佛穿越时空,回归荒野、回到恐龙生活的年代。这种技术的发展能够使对过去已经消失事物的“重建”以一种“现实”的方式创造出来。Scott[14]认为,新技术的发展使野生动物题材的科学纪录片具有一个特殊的特征,它们为观众提供了一种特权,使观众能够窥探一隅原本被隐藏的世界。

# 7 结束语

科学纪录片《与恐龙同行》从解说、音乐到自然音效,从丰富的镜头语言到电脑动画技术呈现的视觉奇观,为观众建构和重现了一个恐龙世界,进一步创新了媒体建构自然的方式。研究发现:科学纪录片经常使用一系列的科学传播技巧对抽象、与观众现实生活具有较大距离的野生动物相关科学知识进行呈现,具体来说包括以下三种技巧:第一,对内容进行简化;第二,使用“讲故事”、戏剧化的叙事手法;第三,使用模型、CGI 等技术进行可视化。在这些技巧的共同作用下,有助于建构关于史前的生活环境是怎样的、恐龙是什么样以及怎样生活的知识主张。研究还发现,科学家们参与到科学纪录片的创作中来,对其呈现效果起巨大作用,科学家们可以通过科学纪录片来传播他们自己对恐龙和自然本身的独特观念。该片为观众传递了大量有关恐龙及其生存环境的科学知识,是科学传播的载体,同时也在娱乐和商业方面取得巨大成功。

当然,我们也要反思该片对自然的建构是用一种“无所不知”的“上帝视角”展开的,没有留给观众思考、争论和提出问题的空间。观众很可能会被恐龙的外貌、行走方式所吸引,忽略对纪录片中科学知识的关注。

# 参考文献

[1] 窦一鸣,张增一. 科学纪录片研究综述[J]. 科普研究,2022,17(1):10.

[2] León B. Science on television: the narrative of scientific documentary[M]. Luton: Pantaneto Press, 2007:94-95.

[3] Grace, Reid. The television drama-documentary (dramadoc) as a form of science communication[J]. Public Understanding of Science, 2011, 21(8):954-1001.

[4] 许甲子，戚立. 科学纪录片《飞向月球》的叙事策略[J]. 当代电视，2019(11):3.

[5] 李媛媛.《生命之树》叙事策略与文化解读[J].电影评介,2020(17):77-79.

[6] BBC Earth[EB/OL]. https://www.bbcearth.com/walking-with-dinosaurs. 2022-08-20.

[7] 陈刚. Discovery 解密：美国探索频道节目研究[M]. 北京：中国国际广播出版社，2008.

[8] Lang P K. Look who's talking now: sound and popular imagination in "walking with dinosaurs"[D]. Norway: University of Oslo, 2000.

[9] Van Dijck J. Picturizing science: the science documentary as multimedia spectacle [J]. International Journal of Cultural Studies, 2006, 9(1): 5-24.

[10] Silverstone R. Framing science: the making of BBC documentary[M]. London: British Film Institute, 1985.

[11] Singer A E. Science broadcasting in Britain: In presenting science to a wide audience BBC television aims for more than just explanation of scientific findings [J]. Science, 1966, 154(3750): 743-745.

[12] Martill D M, Naish D. Walking with dinosaurs: the evidence[M]. London: BBC, 1999.

[13] Darley A. Simulating natural history: walking with dinosaurs as hyper-real edutainment[J]. Science as Culture, 2003, 12(2): 27-256.

[14] Scott K D. Popularizing science and nature programming: the role of "spectacle" in contemporary wildlife documentary[J]. Journal of Popular Film and Television, 2003, 31(1): 29-35.

# Narrative and Communication Techniques in Science Documentary "*Walking with Dinosaurs*"

DOU yiming[1), ZHANG Zengyi[2)

1) School of Asian Studies, Beijing Foreign Studies University, Beijing 100089;

2) School of Humanities, University of Chinese Academy of Sciences, Beijing 100049

**Abstract** Science documentary is a kind of popular science communication means. Based on the narration theory, this paper takes the BBC prehistoric science documentary series "*Walking with Dinosaurs*" as the research object, and analyzes the narrative structure, auditory and visual narrative language, and the science communication techniques used in the series. This paper finds that under influence of the auditory and visual narrative language, from interpretation, music to natural sound effects, from the rich camera language to the spectacle made by the computer animation, the series offer viewers a realistic representation of the world in which the dinosaurs lived. The series uses three techniques: (1) to simplify the content; (2) to use "story-telling" and dramatic narrative; and (3) to use models, CGI and other technologies for visualization. The combination of these communication techniques makes the series realize the combination of science and popular imagination, science and entertainment, and enhances its science communication effect.

**Key words** "*Walking with Dinosaurs*"; science documentary; narrative structure; narrative language; science communication skills

## 作者简介

窦一鸣,河北邢台人,哲学博士,北京外国语大学讲师,研究方向为科学传播、思想政治教育。

张增一,1963年生,山东聊城人,中国科学院大学人文学院教授,研究方向为科学传播、科技与社会。E-mail:zhzy@ucas.ac.cn。

# 影像书写——智媒时代科学纪录片传播角色探析：基于布尔迪厄场域理论

张　锐　张筱佩

北京电影学院管理学院，北京　100088

**摘　要**　在场域理论视域下，科学传播领域中科普书籍、游戏、综艺节目、电影、纪录片等传统的传播渠道在整个场域中均扮演着不同的角色。但随着“万物皆媒”的智媒时代的到来，大众对信息的获取逐渐有了更多的选择，以短视频、公众号为主要形式的新媒体传播逐渐侵入到场域中，重塑了科学传播格局。在此背景下，原本占据价值中心的科学纪录片需要明确自身定位，稳固自身“资本”，与多媒介共同打造传播合力，共创智媒时代下的科学传播健康场域。

**关键词**　场域理论；科学传播；科学纪录片；传播策略

## 1 引　　言

科学传播由来已久，它伴随人类对世界认识的逐渐加深与科学技术的发展进步而产生，并在人类社会发展中的重要地位日益凸显。概括而言，科学传播是以倡导科学方法、传播科学思想、弘扬科学精神为目的，将人类在认识自然和社会实践中所产生的科学知识与技术知识在社会中进行传播与扩散的过程[1]。科学传播自身的发展经历了传统科普、公众理解科学和科学传播三个阶段[2]。从传统科普发展到如今的科学传播，一方面，受众的身份发生了巨大转变。受众逐渐从被动的接受者蜕变为具有一定科学素养、具有理解和反思能力的平等交流者，这是当下科学传播做到双向、平等交流的基础[3]。另一方面，随着媒介融合的不断深入，新技术、新媒介正逐渐丰富和重塑科学信息的表达方式，原有的传播模式正逐渐瓦解，新的传播渠道逐渐占据大众视野，以全新的位阶立于科学传播场域中。

# 2 科学传播的场域构建

科学传播离不开传受双方的信息交流，传播渠道是连接科学传播者和受众的直接桥梁，是传播内容是否能够从传者向受者成功转译的关键。

最早的科学传播主要通过科普书籍、报刊等纸质类读物来达到科学普及、提升素养的目的，也就是科学传播的纸媒阶段。随后广播、电视等媒体走入千家万户，科学传播路径开始有了声音和画面的加入，传播元素被进一步丰富，影像艺术应运而生。紧接着互联网、智能手机的大规模运用催生了大众娱乐模式的多样化，游戏也成了科学传播的新兴途径，从页游到手游都获得了年轻群体的青睐。再到如今人工智能、大数据、5G等的智能技术加入其中，科学传播逐渐发展到了智媒阶段，有了新的话语符号。以网红科学家（KOL）为主角的科普短视频拥有病毒裂变式的传播速率，以碎片化的方式强势侵入了传播矩阵，取代了文字传播成为了准入门槛最低、目标受众最广的传播方式，卷入到了整个市场竞争中。在漫长的发展过程中，科学传播逐渐由相对滞后的单向通道构建成为了多元主体共生的传播场域。

场域理论是社会学家皮埃尔·布迪厄（Pierre Bourdieu）提出的社会学概念，他指出："一个场域可以被定义为在各种位置之间存在的客观关系的一个网络，或一个构型。"[4]位置、客观关系、网络是场域中重要的三个要素。首先，场域是由众多行动者形成的动态网络合集，并非是单一的时空形态。其次，在复杂的网络中，位置代表了场域内部不同行动者的权力地位，在网络中各自占据着不同的中心，发挥着独特的价值。其三，客观关系体现了不同位置行动者之间的力量博弈，是资本的占有与掠夺。"资本"是场域理论的核心概念之一，不仅是场域内行动者斗争的武器，同时也是共同争夺的目标。它常常与利益相关联，支配着场域的日常运作规则。

总体而言，传播场域是一个权力和资本相互转化的场所，这种转化依托场域内的竞争而实现。各竞争者都在争相将自身的原始"资本"转化成权力，从而掠夺更多的"资本"，来达到确定自身在场域内统治地位的目的。场域一直处于动态的结构中，内部的角色和地位会随着资源的占有和分配而随时变化，也会随着新角色的加入而重塑价值关系。具体到科学传播场域而言，科学信息通过不同的渠道抵达受众，也会碰撞出独特的传播效果。这些传播渠道可以看成场域中不同的行动者，各具千秋，依托着与生俱来或后天掠夺的资本，各个渠道同样要开启竞争，瓜分受众市场，在动态的博弈中确立自身的角色地位。在此过程中，受众化身成为各个渠道进行掠夺的资本，也成为衡量传播价值的重要标准。一方面，受众的流失便意味着某一传播方式话语权的消解；另一方面，受众表面的数量又并不能代表最终的传播效能,受众所能吸收的信息和反馈才是衡量的最终指标。这一指标有时也会因人而异,不同品味、生活、性情的人们在场域中拥有不同的行为方式,受众会被区隔成不同的阶级,进而对于接收科技传播的效能也大相径庭。也就是说所有的传播渠道都拥有相应的目标受众,如何发挥自身优势,掠夺这些"资本"是场域中恒久的议题。

场域理论可以有效地帮助我们深入考察各个传播渠道围绕受众市场展开的角逐,剖析彼此之间的竞争关系。随着新媒体渠道对科学传播场域的强势入侵,场域内部逐渐形成了一个以文字传播、影像传播、游戏传播、新媒体传播为四大主阵地的科学传播系统,如图1所示。通过对这一系统中不同行动者"位置"的探究与考察,剖析当下科学传播渠道的共生场域。

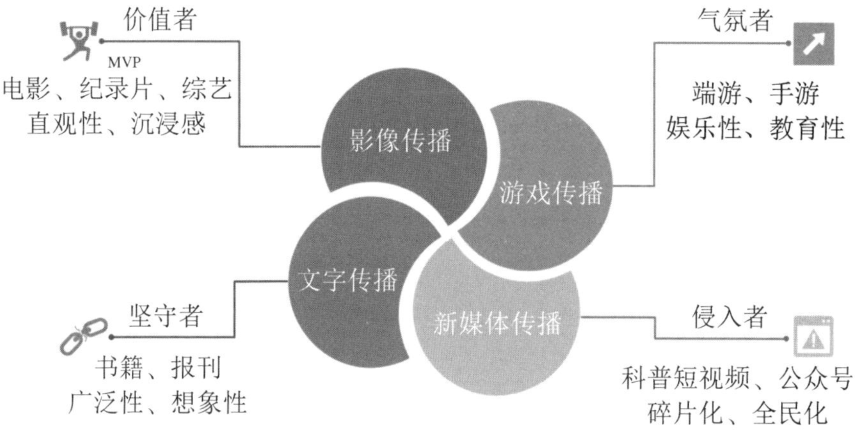


**图1　科技传播场域角色构架**

文字传播是科技传播历史最悠久的方式,在其他传播渠道还未出现之时,就已经坚守在"工作岗位"上,是场域内部的"原住民"。文字传播不仅是信息记载最便捷和最丰富的方式,同时也拥有最广的受众面和最低的准入门槛,老少皆宜。文字传播主要集中于书籍、报刊等传统方式,文字具有与生俱来的想象性,通过充分调动大脑的联想来产生画面,获取信息。但是文字阅读对外部环境要求较高,在碎片化、快节奏的现代社会,已经鲜有人能够静下心来去研读一本科普读物,曾经辉煌的主流阵地正面临着受众大量流失的困境。

影像传播是科技传播的主力军,随着影像艺术的蓬勃发展而诞生,以电影、综艺节目、纪录片这三大影视艺术为代表。科学的影像传播往往是科学与艺术的创造性结合,凝聚了科学研究者和影视制作者两类人员的智慧,承担着场域中价值引领的重任。电影形式的科学传播往往通过科幻类型的题材来实现,科幻电影能够通过合理的想象以直观的视觉体验揭示出与科学相关的诸多问题，能引起观众情感上的思考和反思，在启发公众的层面上比起传统科普手段更胜一筹[5]。综艺节目是影像艺术的“娱乐担当”，能在这个“内卷”的时代里缓解年轻人的生活压力。现存出圈的科普综艺有以江苏卫视《最强大脑》为代表的科学竞技类节目，还有以中央电视台《加油！向未来》为代表的科学实验真人秀，这两大类综艺分居竞技与娱乐两座金山，都在播出后收获了不俗的反馈。总的来说，电影和综艺一个侧重于叙事，一个侧重于娱乐，科学知识的传达只是精心设计背后的调味品，并不能扛起科学传播的大旗。而纪录片的传播形式便完美契合了科学传播的初衷，在传播效果上是“MVP（Most Valuable Player）”的存在，拥有与生俱来的传播优势。作为一种视听艺术，纪录片不仅具有视觉上的直观性、临场的体验感，更重要的是其画面、叙述的真实性。受众在观看纪录片的同时会不自觉地被吸引到信息汪洋中，在权威、真实的影像中达到最佳的传播效果。近年来，国内外的优秀科学纪录片数不胜数，已逐渐成为科学传播的最佳阵地。

游戏以娱乐性和交互性见长，是伴随着互联网和智能手机发展的产物，科普游戏也发展成为了科学传播的新领域，充当了整个传播场域的调味剂。长久以来，科学传播带给人的印象总是枯燥、乏味的，也给受众留下了“说教”的刻板印象。致使受众哪怕囿困于“信息茧房”中也不愿意接受外界的信息。而游戏这一传播方式正好拥有与生俱来的趣味性，填补了科学传播自身存在的缺憾，调节整个传播场域中的沉闷基调。科普游戏虽然也具有极强的娱乐性，但与娱乐游戏相比更加注重其娱乐性与教育性的平衡，是利用游戏设置的学习方式对科学知识进行获取。科普游戏的代表作不仅有关于交通安全的《驾车高手》、答题类的社交手游《脑力达人》、还有培养逻辑思维能力的《微积历险记》，甚至在如今的后疫情时代下还诞生了相关的防疫类科普游戏作品[6]。随着科学、科技与游戏更加深度的结合，科普游戏产业正逐渐丰满羽翼。但放眼当下，聚焦于研究科普游戏的专业人员并不多，游戏开发也面临着巨大的成本，科学传播的最终效果也有待进一步的探究。

新媒体传播伴随着社会化媒体、大数据、5G、云计算的破坏性侵入而出现，出现时间最晚，但传播速度惊人，成为传播场域中的入侵者。新媒体传播从诞生伊始就打破了传播场域原有的平衡，迅速占据了较大的市场份额，甚至改变了观众的“惯习”，使观众极大地依赖于大数据和算法的推送来获取信息。随着新一代信息技术对人类生活的渗透，我们正处在信息飞速爆炸的时代中，那个车、马、邮件都慢的时代已全然脱胎换骨，逐渐开启了碎片化的序章。越来越多的受众借助新媒体的力量加入到了科学传播的源头阵营中，撰写科普推文、制作科普短视频，将普通公众的话语权扩大，使科学传播不再停留于阳春白雪的位阶，转身以病毒式的裂变传入千家万户,掀起了全民传播的热潮。不过,在受众的参与下,众多科学信息真假难辨、良莠不齐,容易使谣言在温室里肆意生长。谣言又时常与流量挂钩,牵扯利益,时常被有心之人利用,从而造成了对公众的错误引导。

科学传播场域在新媒体传播的侵入下逐渐形成了新的关系网络,资本的掠夺与竞争也有了全新的时代话语。但面对逐渐碎片化和娱乐化的信息社会,以长视频为代表的影像传播逐渐被短平快的短视频所取代,科学传播逐渐迷失在以流量为王的传播环境中,甚至成为娱乐化的附庸。要使科学传播场域继续在良性竞争中达到平衡,作为价值者的影像传播应当担起重任,也对作为MVP的科学纪录片提出了更高的要求。

# 3 科学纪录片的“资本”价值探究

纪录片具有记录真实、深度传播的天生优势,理应在科学传播场域中承担重要角色。概括来说,科学纪录片是传播科学知识、解密科学现象、弘扬科学精神的一种纪实影像。能通过多种视听语言将晦涩的、难懂的科学知识传递给观众,丰富观众的科学知识储备,提升全民科学素养,进而推动科学技术更大的发展。科学纪录片作为一种重要的纪录片类型,是科学技术与影像艺术相融合发展而来的产物,最大的特点是真实、严谨,正好契合了科学传播的初衷。在互联网飞速发展的今日,即使科学传播渠道层出不穷,但在拓展公众科学视野、激发公众科学兴趣方面,科学纪录片具有无法替代的优势[7]。这些优势是科学纪录片在场域中稳固自身地位的“资本”,也是核心竞争力的来源,同时也是作为MVP的价值所在。

## 3.1 声画共舞:影像优势打造“奇观化”体验

纪录片作为影像传播的当家门面,依靠其独特的视听文本和奇观化的体验发挥其传播优势。在万物皆媒的当代,受众在数以万计的信息中已逐渐形成碎片化的浅阅读“惯习”。这种“惯习”依赖于直观的声音与画面对感官造成的刺激,在短时间内迅速引起受众的注意,传播面广,但传播深度严重不足,往往只留给受众短暂的印象,转瞬即逝。

科学纪录片作为一种具有强大视听优势同时又具有强知识性的媒介,致力于将抽象的科学知识具象化,用精妙的镜头语言唤起受众的共鸣。随着新兴影视技术的发展,纪录片的镜头表达方式有了更多的可能,新时代的科学纪录片倾向于探索和追求更加生动的表达方式和结构技巧,为传播效果添砖加瓦。但这种传播效果并不像科幻类型电影的“炫技”,而是借助技术的力量使画面的呈现更具质感,细节更加真实,这才是科学纪录片的生命。例如,李成才导演的关于植物生长的纪录片《影响世界的中国植物》,导演使用了4K超高清摄影机展现了植物生长的全过程,色调与构图十分考究,镜头下的一草一木灵动活泼,将植物活灵活现地展现在观众面前。摄像机对植物情态的精准捕捉使观众能更加直观地与镜头下的植物进行对话。另外,大型航拍器也加入到了拍摄大军中,穿越层云叠嶂、俯瞰祖国山川,捕捉了许多恢弘大气的移动全景,作为空镜插入到纪录片中,展现了生生不息的天地万物。同时还使用了延时摄影技术,全面地展现了植物生长、博弈、成熟的全过程。此外,还有水下摄影、高速摄影、显微摄影等技术的使用,共同成就了视觉语言的奇观化[8]。纪录片的美学构图与画面旁白达到了完美契合,随着情节起伏娓娓道来,将科学信息凝聚于声画的深度体验中,好似与观众邂逅一场心灵奇遇。

对于视觉奇观型的科学传播纪录片而言,其以纪实与创作的手法打造了科学的奇观场景,这种类型的纪录片常常以第一人称作为视角,唤起受众感官上的视听联动,增加身临其境的沉浸感。但在这种奇观场域里,观众并不是被动的接受者,从接受美学的理论出发,观众摇身一变成为了“隐含的读者”①,被创作主体事先设置在作品的空白意义中。很多科学纪录片都会将镜头设置成观众的眼睛,创作者在创作伊始就从受众的视角去展现镜头内部的震撼世界。这个世界受众在现实中不能够轻易进入,往往都是一些极端的地域和独特的冒险旅程,对大众来说具有极强的新鲜感与挑战性,或是领略名山大川、或是深入极地探险、又或是陪伴不同的生命度过漫长的一生。这些旅程并不是凭空捏造为剧情和叙事服务,而是在真实的纪录中为观众展现世界另一头不为人知的奇妙存在,比虚无缥缈的想象更有意义。这一呈现视角巧妙运用了布莱希特戏剧理论中的间离效果,这些焕然一新的视觉景观使观众在纪录片的观看体验中从现实世界剥离出来,随着摄影师的镜头一同徜徉在奇幻的影像世界。在这一过程中,观众会以客观情感为心理基础。通过视听上的刺激激发灵感,进而用想象力补充客观情感,并通过审美和情感心理学获得“画外图像”的审美体验。这种审美体验是通过想象力创造的,但与文字传播的想象力不同,直观的视觉画面感知驱动着受众进入沉浸的场域体验,在身临其境的沉浸感中加深对作品的理解[9]。这种理解是受众与创作者达到情感共鸣时的一种状态,是在传播场域中的信息交流,将观众从原本的旧场域中抽离出来,吸引受众将情感和意识投入到所营造的空间和内容当中,从而在陌生化的场景下获得与之相衬的奇幻感官。

除了科学纪录片的纪录性呈现之外,特效技术的加入也给不少作品带来了视觉

① 著名理论家伊瑟尔指出:隐含的读者是作者在创作过程中预期设计的读者,它存在于作品之中,是艺术家凭借经验或者爱好预先设计在文艺作品中的读者,成为隐含在作品结构中的重要成分。

的奇观感受。例如在卡尔·萨根的《宇宙》系列三部曲中,第一部《宇宙:个人的旅行》在1980年便开创了纪录片复合影像的先河。它将实景拍摄与演播室拍摄的素材进行结合,仿佛使主持人在真实的环境中漫步。这种影像表达方式,让整个系列的纪录片都呈现出独特的视觉效果[10]。再如同题材影片《飞向月球》,同样深度依赖于"特效驱动",该片利用三维技术对嫦娥五号在月球表面的活动进行模拟与还原,展现了探月工程的历史脉络。使广大观众通过影像直观地了解到探月研究的科学精神,同时也唤起人文情感的共鸣[11]。但对于科学传播的整体奇幻效果,其实很大一部分也取决于不同受众的"期待视野"①。面对不同的受众,科学传播所能达到的传播效果参差不齐,艺术形式的传播具有极强的主观性。这要求创作者们需要根据不同的内容题材,持续地站在受众的视角进行艺术创作。

## 3.2 情理共融:科学与影视构造"软传播"

科学纪录片不仅是科学与艺术的结合,也是理性与情感的深度碰撞。相对于科学的理性以及科学家的严谨态度,艺术的情感和艺术工作者的创造力才是使科学传播具有活力的关键因素。例如,央视纪录片频道播出的国内首部8K生态人文纪录片《万物之生》,便巧妙地将生态呈现和人文情感结合起来,给枯燥的科学赋予了影像艺术的情感创造,充分展现了云南的风土人情与这彩云之境中的生物多样性之美。该片以人与自然的和谐共生为情感主题,突破了普通纪录片单纯描述生物的窠臼,用珍贵的笔墨展现了云南人民与生物之间的守护与陪伴,好似将一幅温润灵动的大自然画卷在观众面前徐徐展开。

当然,这些碰撞与融合都离不开背后创作者的辛苦付出。人类的创造力是纪录片最核心的要素,是影像艺术的生命。一部科学纪录片从策划、拍摄到制作都离不开创作者的参与,也离不开科学家与制片人的通力合作。科学家经常被认为是科学传播的发起者、践行者,是整个传播过程的源头。由于科学家自身的专业性,相比于普通的媒体或公众发言人,他们拥有更大的话语权和权威性,能最大限度地保障科学传播的准确性。但长久以来,科学家对科学传播的影响程度十分有限,他们不擅于对既定的知识内容进行大众传播,也难以寻求到适合自身的传播渠道。不过在如今的智媒时代,依托于新媒体平台诞生了一批"网红科学家",这种现象并不意味着科学家逐渐从幕后走向台前,实际上只是被专业的营销团队包装出来的"流量收割机",带有很强的目的性。而真正的科学家、科学研究者和传播者,必然少不了一颗

① 所谓"期待视野",是指受众在接受过程之前自身已存的阅读经验和审美趣味等,也是对于接受客体的预先期盼。

钻研的匠心，这是浮躁社会中的“网红”所不能及的。而这颗匠心，却与纪录片的创作人员不谋而合。

如果把电影比作影像世界里的高楼大厦，拥有最广的受众群和最高的关注度，那么纪录片就更像是温馨的农家小院，是一方自得其乐的天地。它静谧、沉稳、悠然自得，没受到商业的侵蚀，只是一群制作者们对真实世界的纪录和对匠心的坚守。对于科学纪录片来说，一部成功的作品必将有科学家与艺术家之间匠心的碰撞。一方面，科学家信源对公众来说具有更高的可信度，着重于科学知识内容的严谨呈现。另一方面，制片人则擅长利用影像技术去向公众解释问题、传递信息，侧重于注重视听形式和主题内容的互相平衡。因此，两者之间的通力合作是一种优势互补，能达到一加一大于二的效果。例如，中央电视台播出的纪录片《影响世界的中国植物》，摄制组为了深度了解植物的生长习性，能够进行更加专业的拍摄和捕捉，专门搭建了一个近 200 $m^2$ 的摄影棚。在拍摄实践中，摄影师还需要与植物学家进行深度沟通，学习植物的生长习性以及每种植物的不同特点，将农业知识和镜头技巧相结合。该片导演李成才在接受新华社采访时谈道：“我们的摄影师要跟植物学家和导演商量，该用什么样的土壤，用什么样的水，用什么样的肥料，用什么样的光才能拍得最好。”[12]正因如此，画面中的植物才得以活灵活现地呈现在观众面前。另外，由中央新闻纪录电影制片厂承制的医学纪录片《手术两百年》的成功，也离不开制片团队与医学专家的深度合作。主创团队不仅以采访的形式与 50 多位国际医学专家进行交流和访谈，同时还邀请了 3 位著名的中国医学专家、中科院院士作为学术顾问指导并出镜。另外长期致力于医学科普的李清晨医生还在策划前期为《手术两百年》撰写了将近 8 万字的文字底稿，有了医学专家的合作，最终制片团队才得以用影像将医学的发展历程呈现出来并且深入人心[13]。有效的科学传播实践离不开科学家和制片团队的互相配合。基于科学家和主创团队不同的制作立场，在影片的制作拍摄过程中，双方都要致力于将科学的理性存在与影像艺术的感性创造进行磨合。不过，除了双方团队专业上配合与互补以外，作为纪录片创作主体的个人也需要在科学领域不断成长。要想在科学纪录片领域不断深耕创作出优秀的作品，必须组建起专业的科学纪录片团队，团队成员需要更多的复合型人才，拥有相关科学类别的学科背景。例如大卫·爱登堡是 BBC 著名的科学纪录片制作者和主持人，也是知名的科学家。制片人和科学家的双重身份使他制作出了一大批受到全世界观众喜爱的纪录片，例如《地球脉动》《冰冻星球》《生命的进化》等[13]。我国也需要更多类似的人才加入到科学纪录片的创作之中。

科学与艺术的摩擦与碰撞不仅能够用生动的镜头语言和人类的情感创造将枯燥乏味的科学知识进行影像解读，同时还保障了影片科学内容的真实与严谨，守住科学传播的初心,真正达到科学知识的软传播,达到情与理的共融。

## 3.3 价值共创:"真实感"与"故事性"并驾齐驱

科学纪录片之所以能够带领影像传播成为场域的价值中心,很大程度上依赖于其对影像纪录的真实性。安德烈·巴赞在《摄影影像本体论》中说道:"影像的美学特征在于它能解释真实。"而科学纪录片便是纪录真实、传递真实的艺术形式,最擅长将世间存在且发生的万物之变进行艺术的直观呈现,再通过镜头的蒙太奇手法,给观众呈现最真实又不失单调的科学景观,这也是在新媒体传播的强势入侵下科学传播场域内需要坚守的表达。并且真实的记录在任何时刻都有可能激发观众的好奇心和求知欲,用影像带领观众进一步认识世界。相比于科幻电影、科普节目所带来的感官刺激和知识灌输,纯粹的真实更能够打动人心。这种真实是对世界的一种直观面对,不经过冗杂的布置,是一种纯粹的纪录与展现,是纪录片灵魂深处的魅力,也最大限度地保障了科学传播信息的真实性、准确性。例如,提到《中国医生》,大部分观众能想到的是那部抗疫的主流电影,群星集结,夺得了13亿的票房,煽情点、温馨点铺陈得恰到好处。但论影片真实的质感,更深入人心的是那部2019年在CCTV4首播的同名纪录片。影片中少了情节的煽情和镜头的渲染,呈现的是医生们一地鸡毛的平凡生活,他们将医患关系的处理融入到和患者日常的沟通中,更能引起观众对生活的思考。

但纪录片的艺术创作也并非是单一的平铺直叙,而是在真实性的前提下进行故事性创作,明确自身要表达的主题和纪录的内容。在娱乐节目占据影视大半边天的当下,如果科学纪录片只是一本正经的把科学知识硬塞给观众,恐怕没人会买账。因此,纪录片创作也需要与时俱进,在坚守自身真实性的基础上对影片进行故事化和趣味化的设计,也需要拥有相应的叙事策略。例如,在中央电视台的纪录片《超级工程》中,悬念的设置吊足了观众的胃口,影片将中国五个大工程的建设过程进行呈现,也将建设面临的困难一一展现在观众眼前。导演在每一集里都预先设置一个总目标,使观众在预设的目标里牵挂着任务进度,从而在这个过程中了解到中国的工程建设,接触到工程师和工人们的日常生活。叙事策略的加入能使影片的讲述更加流畅,使观众注意力更加集中。另外,纪录片叙述的趣味性也是必不可少的条件。《门捷列夫很忙》是在中央广播电视总台播出的化学类纪录片,在B站被称为"化学补习班",该片以门捷列夫的卡通形象作为串联,给观众介绍了整个元素的发现历程。该作品以实拍和动画相结合的方式营造了影片"轻喜剧"的基调,在轻松幽默中带领观众进入化学的奇妙世界。枯燥的化学知识搭配上趣味性的讲述,观众仿佛将门捷列夫视为旧友,在聊天过程中伴随着他的讲述就了解了生活中这些元素的魅力，从而达到科学知识的趣味传播。如果说奇观化的视觉表达是先声夺人抓住了观众的眼睛，那么趣味化的幽默讲述则是在娓娓道来之间俘获了观众的心[14]。贺拉斯在《诗艺》中强调着“寓教于乐”，喜剧元素的加入能使纪录片自带的沉闷气氛活跃起来，使观众在对知识长时间的接收中不感到疲惫，也使纪录片走出“曲高和寡”的困境，走入“下里巴人”的生活。

正是纯粹的真实性与丰富的故事性的完美结合，才造就了一部部优秀的科学纪录片作品，但始终要明确的是，任何纪录片的创作都应将真实性放在首位，真实性永远是纪录片的根基，切莫使其他因素喧宾夺主。叙事策略和趣味方式当是锦上添花，是纪录片走出小众市场的必备武器，帮助科学纪录片“杀”入更广阔的天地。

# 4 科学纪录片的传播矩阵搭建

## 4.1 稳固自身“资本”、扩大传播优势

归根结底，科学传播的最终目的在于消除社会的知沟，提升全民共同的科学素养。20 世纪 70 年代，美国的传播学家蒂奇纳(Tichienor)、多诺霍(Donohue)、奥里恩(Olien)等人[16]在《大众传播的流动与知识差别的增长》一文中提出了著名的“知沟理论”①，随着智能媒体的广泛应用，社会逐渐走入了 web3.0 时代，在这个时代里，信息就是财富。互联网的普及看似使受众对信息的获取变得更加便捷，社会面上的知沟呈现缩小的态势。但由于网络对部分人来说存在进入的经济与文化壁垒，知识鸿沟转身以另外一种“数字沟”的形式存在[16]。在大数据、算法等新兴技术的“挟持”下，受众更加被困于同质化的信息茧房中。目前看来，我国仍处在泛娱乐化的社会氛围中，理性、秩序逐渐在众声喧哗下被结构为肤浅和碎片，文化创造也呈现出迎合娱乐之势。一方面，纪录片的雅致气质理论上能很好地平衡商业媒体中不时出现的“娱乐至死”的趋势[17]。但另一方面，传播大环境的桎梏在实践中又将纪录片的影响力囿于一方之潭，始终停留于愿垂青眼的小众市场。要想进一步扩大纪录片的市场份额，减小新媒体入侵对场域内带来的负面影响，重新确立自身在传播场域中的核心地位，关键在于利用自身原有的“固定资本”去争夺“受众资本”。

正因如此，科学纪录片应该放大自身优势，其自身独特的价值性永远是其在众

① 这一理论认为：在社会的发展过程中，由于经济地位的差异，社会经济地位高者通常能比社会经济地位低者更快更有效地获得和利用信息，因而，大众传播媒介传送的信息越多，这两者之间的信息格差也就越有扩大的趋势，从而演化为知识鸿沟。

多传播渠道中立身的根本。“内容为王”不该沦为一句口号,“娱乐至死”也并非危言耸听。时代的变化并非要成为禁锢内容的枷锁,其实是以另一种形式开创天时地利。

首先,纪录片的选题制作要紧跟时代,如今科学技术发展日新月异,使人目不暇接,各行各业都发生了技术性的变革。上至浩瀚星海、苍茫宇宙,下至历史文化、衣食住行,都是纪录片内容制作取之不尽的选材库。科学纪录片选题制作要持续拓宽视野,挖掘事物表现背后的深层科学意义。其次,纪录片擅长用镜头语言进行真实的纪录与呈现,是天生的资本占有,技术的发展也使镜头语言的硬件条件不断升级,4K、8K、光线追踪、CG、AI、VR 等技术在影视行业的深度运用已经并不罕见,技术的升级给观众带来了丰富的视效体验。另外,制作团队的建设更是纪录片制作的重点,科学纪录片的价值很大程度上来源于其科学性与严谨度,制片团队要保持自身的专业性,同时积极寻求权威的科学家进行合作,以保证影片传播内容的深度。此外还要注重故事叙述和影像技巧的结合,将科学信息润物细无声般的融入影像的呈现中,减轻受众面对纪录片时产生的“枯燥”“畏难”的心理负担,力求在一场沉浸式的视听体验中完成高效的传播。最后还可以尝试打造纪录片的国产 IP 品牌,扩大市场的影响力,同时延伸 IP 长链,将精品化进行到底,制作出更多有受众基础的佳作。

## 4.2 打造传播合力、巧妙“化敌为友”

在场域理论的视角下,每一个行动者都不是独立的个体,而是共同处在特定的客观关系网络之中,自身的任何决策与实践都会受到其他行动者或浅或深的影响,这些影响在整个场域中蔓延开来,也二次影响着场域内部运行的规则。一方面,场域内的博弈与竞争固然存在,是场域得以维系与保持活力的基础,而另一方面,各行动者之间的合作共生关系才是良性发展的结构条件。

在科学传播场域中,以科学纪录片为代表的影像传播占据了价值中心,与其他传播渠道不断发生着资本的转换与掠夺,但与此同时也相互“借力”,取长补短,为整个场域的良性循环做出贡献。在动态的共生与博弈中,以科学纪录片为主体的传播关系矩阵如图 2 所示。

在整个传播场域中,文字传播是价值创造的资料来源。科学纪录片的制作团队为了把控其核心的内容价值,会对其间传播的科学信息进行筛选与确认。而随着历史的发展,大多数科学知识的记载正是以文字的形式保存。陪伴人类社会已久的报纸、杂志会随着时代的更迭推陈出新,是不同时代下的记录,形成了纵向的历史长链。而科学传播的著作大多以经典自居,对细分化的专业知识有更深层次的解读。

这两类文字传播方式都能够很好地为科学纪录片的创作提供史料支撑。例如首部反映中医药文化的系列纪录片《本草中国》,该片旨在挖掘中医药的历史与故事,给观众展现我国中医药文化的奥妙精髓。片中部分理论支撑就是来自于李时珍的著作《本草纲目》,其中介绍了历代诸家本草及中药基本理论等内容,对纪录片中提到的红花、天麻、红曲等中药材都进行了记载和介绍,为影像的二次加工提供了理论来源。

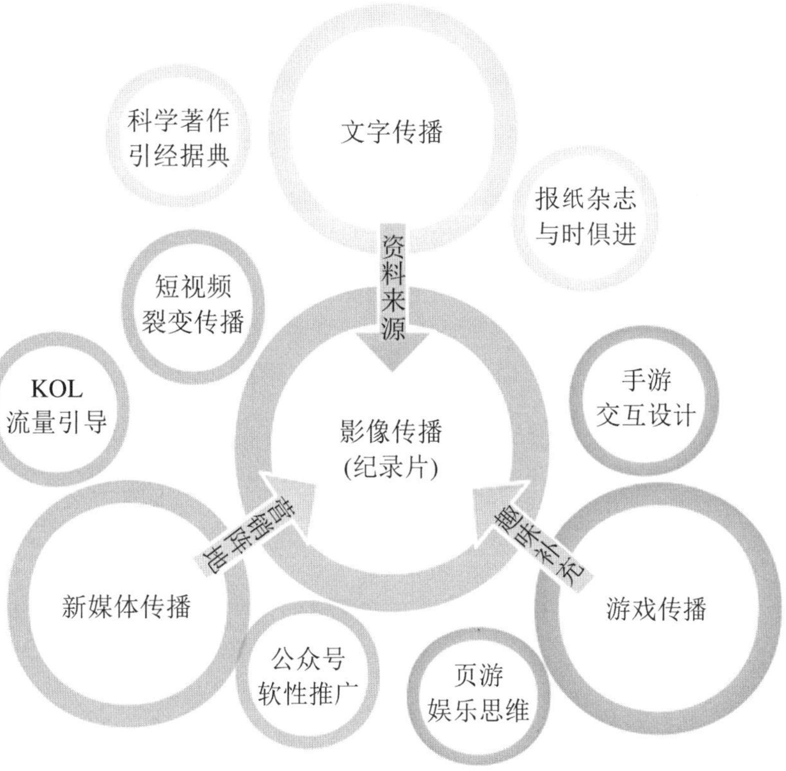


**图 2　科学纪录片传播关系构建**

游戏传播则为纪录片创作提供了趣味化的补充。游戏的交互感使受众能够在娱乐体验中获得知识的捕捉,这种娱乐体验是玩家与游戏内部情节的一种共鸣。无论是冒险、养成、竞技还是经营类游戏都同样需要故事的存在,游戏对故事人物、情节的设计将用户思维运用到极致,力求满足不同类型玩家的游戏体验,这与纪录片对影像视效、沉浸体验的追求有异曲同工之妙。不过游戏中故事的诸多设定都基于虚幻、架空的历史背景,大多没有科学传播的价值。游戏中的用户思维和交互设计为纪录片提供了独特的创作思路,有利于进一步拓宽受众市场,走出"阳春白雪"的刻板印象。所以,在纪录片前期的选题策划当中就要将趣味性考虑在内,学习娱乐思维,在相应的故事叙述中穿插趣味点或者适当制造戏剧冲突等来缓解观众的疲劳,使之在轻松愉快的氛围当中获得知识的能量补充。不过要注意的是趣味性永远只是一种补充,切不可本末倒置将纪录片变成“娱乐至死”背景下的残羹冷炙。

新媒体传播掌握着最前沿、最年轻的传播媒介,是纪录片极佳的营销阵地。例如抖音短视频的用户几乎涵盖了全年龄层,很多洗脑的视频和歌曲都以病毒式的裂变在受众之间疯狂蔓延,能轻易地掀起全民狂欢的热潮。新媒体传播既已成为场域中的一分子,纪录片影像与其将其视为“眼中钉”,倒不如巧妙地“化敌为友”,趁势利用当下的新媒体平台将一些精彩片段制作成短视频投放到各个平台中,达到二次传播的效果,将好的纪录片作品带到观众面前。另外,还可以通过一些 KOL、大 V 等关键意见领袖对纪录片进行内容深耕,打造专业的科学纪录片发言人,这不仅符合当下年轻人的“冲浪模式”,也能与打着科学家旗号的网红展开竞争、一较高下。另外,公众号的推广其实是文字传播的新时代模式,但相比起传统的文字传播,公众号的传播更有软性推广的特点。在文字的遣词造句,字里行间会更加通俗和新潮,更加追求所谓的“网感”,同时公众号的推送还会穿插各种图片、视频等,不仅达到了多渠道的深度融合,而且还能与观众进行点赞、留言等互动,也是纪录片进行长尾价值开发的不二之选。例如央视 CCTV9 纪录片频道的官方微信平台便设置了相关内容板块,不仅与微博客户端进行链接联动让观众快速了解纪录片频道的动态,并且还设置有专门的纪录片库,满足观众的查找、观看需求。另外,还有相关的文创联名等供用户用积分兑换,扩大了纪录片频道的影响力,也与受众形成了良好的互动关系。

总而言之,纪录片应当积极与各个传播渠道达成合作,将流量与价值进行“联姻”,为整个科学传播赋能。

## 5 结 束 语

科学传播任重而道远。在如今的智媒时代,传播的内容和渠道层出不穷,彼此激烈角逐也相依相存,在传播场域中助力科学传播效能的最大化。

本文以科学纪录片为研究对象,其以奇观的视听、软性的传播、真实的讲述等优势占据着传播价值中心,用影像书写着科学传播的答卷。同时,文字传播、游戏传播、新媒体传播等也各有所长,与影像传播的关联与互动彰显了科学传播的全过程,共同为受众打造多元、多向、多维的传播场域。未来的科学技术仍旧推动着时代的发展变革,传播场域随之必定会经历打破与重组的循环,新的角色同样会继续加入其中,编织着新的动态矩阵。未来的科学传播还将面临诸多挑战与机遇,在探究内部场域影响机制和规律的基础上,纪录片传播要积极整合资源,拓展方向,明确自身的角色定位，积极发挥独特的价值优势，与场域内的其他角色共同构筑未来科学传播的宏伟长城。

# 参考文献


[1] 黄时进.论科学传播受众的网络时代特征：基于布尔迪厄场域理论的视角[J].学术界，2008(2)：79-83.

[2] 刘华杰.整合两大传统：兼谈我们所理解的科学传播[J].南京社会科学，2002(10)：15-20.

[3] 张爱凤."疫"题材纪录片的科学传播价值[J].当代传播，2021(2)：109-110.

[4] 布迪厄，华康德. 实践与反思：反思社会学导引[M].李猛，李康，译.北京：中央编译出版社，1998：133.

[5] 秦晨菲，聂馥玲.科幻电影，放大的现实：科幻电影进行科学传播的可能性分析[J].科普研究，2017，12(5)：36-42，108.

[6] 王小明，张光斌，宋睿玲.科普游戏：科普产业的新业态[J].科学教育与博物馆，2020，6(3)：154-159.

[7] 何苏六.纪录片蓝皮书：中国纪录片发展报告(2013)[M].北京：社会科学文献出版社，2013.

[8] 阿忆.科学纪录片的传播策略：《影响世界的中国植物》评析[J].青年记者，2020(12)：74-75.

[9] 毋嘉敏. 新时代背景下科技题材纪录片的叙事话语研究[D].金华：浙江师范大学，2021.

[10] 何艳，刘稳. 科学纪录片《宇宙》的品牌创建与维护[J]. 当代电视，2022(2)：104-108.

[11] 卢亚凤.从《飞向月球》看国产纪录片的科学化奇观世界[J].电影文学，2020(16)：91-93.

[12] 张博令.他拍了冷门题材纪录片，把"中国植物"的故事讲给世界听[EB/OL].(2020-01-03)[2022-06-15]. https://baijiahao. baidu. com/s? id = 1654671247059827429&wfr = spider&for = pc.

[13] 张雅欣，刘小可.科学纪录片的成功范例：《手术两百年》[J].当代电视，2019(10)：69-72.

[14] 石佳. 科学与艺术的结合：大卫·爱登堡科学纪录片研究[D].重庆：重庆大学，2017.

[15] 王茵.中国科学纪录片的叙事特征与传播创新[J].中国电视，2020(11)：79-83.

[16] Tichenor P J, Donohue G A, Olien C N. Mass media flow and differential growth in knowledge[J]. The Public Opinion Quarterly, 1970, 34(2) : 159-170.

[17] 王晓晴.网络传播中的知沟理论再探[J].当代传播，2006(6)：56-57.

# Image Writing — the Role of Scientific Documentary Communication in the Era of Intelligent Media — Based on Bourdieu Field Theory

ZHANG Rui, ZHANG Xiaopei
management department of Beijing Film Academy, Beijing 100088

**Abstract** From the perspective of field theory, traditional communication channels such as popular science books, games, variety shows, movies and documentaries play different roles in the whole field of science communication. However, with the advent of the era of "everything is media", the public gradually have more choices to obtain information. New media communication mainly in the form of short videos and official accounts gradually intrudes into the field, reshaping the pattern of science communication. In this context, science documentaries, which used to occupy the value center, need to define their own positioning, stabilize their "capital", and jointly create communication synergy with multiple media to create a scientific communication field in the era of media convergence.

**Key words** field theory; science communication; science documentary; communication strategy

## 作者简介

张锐，河南南阳人，管理学博士，北京电影学院管理学院副教授，主要研究方向为传媒经济管理、新媒体、电影产业。

张筱佩，湖北荆州人，北京电影学院管理学院硕士研究生，主要研究方向为电影产业。

## 基金项目

国家社科基金项目“新一代信息技术对新闻传播的运行方式影响研究”(18BXW037)。

# 基于媒介信息的医疗人工智能社会认知研究：基于1469份中文报道文本的分析

汪　琛[1)]　孙启贵[2)]　徐　飞[3)]

1)3) 中国科学技术大学科技哲学部，合肥　230096

2) 中国科学技术大学公共事务学院，合肥　230096

**摘　要**　本文以1469份有关医疗AI(智慧医疗)的中文报刊的媒介报道为研究对象，围绕医疗AI产生的海量媒介信息对聚焦社会关注、定位发展路径与战略选择具有重要的实证参考价值。借助词频分析、语义网络与LDA主题模型等文本分析方法，探索不同时期医疗AI的媒介文本聚焦内容，整合描述国内对医疗AI关切的主题分布。医疗AI的媒介文本数量与规模近年来增加迅速，关注内容逐步深入医疗AI的9个子集领域；此外医疗AI可能引发的社会问题及其对策也不断引发社会热议，应注重对医疗AI体制化建设的社会认知塑造。文章创新性的关注到医疗AI的媒介信息文本，并尝试构建医疗AI社会认知的隐含狄利克雷分布主题模型，挖掘医疗AI新闻文本信息的主题类别。

**关键词**　媒介信息；医疗AI；社会认知；文本分析

## 1　引　　言

近年来，深度学习算法与大数据的双向加持，为医疗AI提供了全新的发展契机与驱动引擎[1]，与蓬勃前景相应的，技术可能触发的风险问题也愈发受到学者、业界以及社会公众的高度关注，AI本身潜藏的伦理疑难，加之医疗语境下技术应用的切身敏感特征，也为医疗AI的实践增加了诸多不确定性风险。可以说，医疗AI的可持续创新发展,不仅需要技术本身的研发深化,社会认知也应当成为医疗 AI 技术适用的重要评判维度之一。而以新闻文本为荷载主体的媒介信息,则能够在中观层面体现社会认知的感知内容与演化趋势,通过对医疗 AI 社会媒介信息的分析,能够在一定程度上揭示医疗 AI 的社会认知态势,把握中观认知层面的响应与反馈,对于阐明医疗 AI 的问题焦点与社会环境,都具有重要的参考价值。

由此,本文认为关于 AI 的媒介内容报道是研究 AI 社会认知的重要实证资料来源,立足国内中文报刊文本,尝试发掘不同年份医疗 AI 媒介文本的关注主题分布,通过深度数据挖掘,探析中观层面医疗 AI 的社会认知情况,形成基于媒介分析的医疗 AI 社会认知聚类,并以此为基础,尝试构建现有社会认知下的医疗 AI 媒介形象,以期为医疗 AI 的技术治理提供实证参考与情报支持。

## 2 文献综述与问题提出

新闻报道的媒介文本是获取并及时感知技术社会态度与评价重要的实证素材来源[2],信息媒介的报道描述可以在中观层面表征公众对新锐风险型技术的感知态度。已有基于新闻文本的新锐技术社会认知研究表明:① 新锐技术的安全性与适用性问题,在社会认知层面,有明显的两极化差异[3],存在支持与质疑双向对立的观点;② 对新锐技术的认知两极化在技术利益相关共同群体之间,会进一步分化为支持、质疑、反对与中立等复杂交错的分布态势,且不同的多元利益相关者之间就同一技术认知差异的表述,这其中科学从业群体存在明显的话语“霸权”[4];③ 现有新锐技术的新闻文本自身的报道内容仍多为技术积极效应的正向描述,媒介文本的解释科学性存疑,技术专家对文本内容的报道水平和质量并不认可[5]。由此可见,新锐技术发展与应用的社会争议性,能够在以信息媒介为载体的新闻文本中,在不同技术利益相关群体的争论与观点碰撞中得以体现,同时作为中观表征,新闻文本也承载和反映了社会对新锐技术的认知差异与多元性特征。

同为新锐技术的 AI,近年来受到社会各界的广泛关注,媒体对 AI 的相关报道可能会极大地影响公众对这项新技术的看法与认知[6]。不同的利益相关群体基于自身的科学素养与日常经验,对 AI 技术的发展与应用,形成了不同趋向的认知状态,但目前社会公众对 AI 原理及其应用的认知仍处于起步阶段[7],与新锐技术社会认知的现状趋势基本一致。已有相关研究指出:① 已有关于 AI 的新闻文本中对技术积极和消极的内容比重相对均衡,说明社会认知层面已经关注到技术的二向性问题;② 不同群体在意识形态与立场差异的情况下,对 AI 的认知会呈现不同的倾向性[8],发现媒介信息可能会对智能价值观的塑造产生影响[9];③ 不同地域文化背景下的新闻媒介中的AI社会认知形象存在明显差异[10]，报道内容中，技术道德难题的影响有了更多的关注[11]。由此，AI社会认知的争议性现状得以显见，显示出社会认知作用因素的影响存在。以上研究证实了媒介信息对AI治理的参照价值，而此类研究多聚焦一般性、整体性的AI媒介信息分析，医疗健康作为AI最具前景性的领域方向，近年来发展迅速，却鲜有学者关注到医疗AI社会认知层面的研究分析。

医疗卫生与保健是AI最具前景的应用领域之一，目前正处于走向临床试验和产业扩散的蓬勃发展阶段，不同层面、不同群体的伦理观念与道德认知[12]，与医疗AI的伦理不确定性和技术争议，一同成为医疗AI社会认知应当关注的重要方面。从技术特性看，医疗AI较之于一般性AI，最典型的特点就是技术的切身性[13]，即医疗AI未来的应用展开，不仅将深刻地重塑社会医疗服务体系，同时与个人切身的保健模式变革紧密相关。而作为影响社会认知型塑造的重要能动媒介，新闻文本中的技术报道，将成为医疗AI社会-技术体制建构过程中重要的行动主体，承载医疗AI的新闻报刊中所涉及的文本信息，是研究医疗AI社会认知的重要切入对象。基于以上分析，为了系统性地发掘和梳理国内医疗AI的社会认知形象，本文提出以下三个主要研究问题：① 中国目前刊发的医疗AI新闻报道的数量与规模？② 国内医疗AI新闻报道历年关注的主题内容有何演变？③ 国内医疗AI新闻报道中涉及的主要话题分类有哪些？期望对国内媒介文本中医疗AI的社会认知形成一个整体性把握，发掘围绕医疗AI展开的主题分类。

# 3 数据来源与研究方法

## 3.1 数据来源与采集

本研究数据采集自中国知网（CNKI）的报纸，结合已有相关AI计量研究，采用专业检索式①：共获得1806条相关结果，将年份设定截止到2021年，手工筛选剔除不相干的媒介文本条目（剔除原则：文本主题包含，但主题不聚焦医疗；新闻主题并非指代医疗AI），最后获得有效医疗AI媒介文本1469份（图1）。

---

① TI＝“人工智能” OR TI＝AI OR TI＝“机器学习” OR TI＝“深度学习” OR TI＝“自然语言处理” OR TI＝“语音识别” OR TI＝“计算机视觉” OR TI＝“手势操作” OR TI＝“智能机器” OR TI＝“视频识别” OR TI＝“语音翻译” OR TI＝“图像识别” OR TI＝“基本算法” OR TI＝“智能搜索” OR TI＝“智能推荐” OR TI＝“智慧”，获得67039条结果，在依据检索式：TI＝“医疗” OR TI＝“医学” OR TI＝“卫生” OR TI＝“保健” OR TI＝“临床” OR TI＝“诊断” OR TI＝“医生” OR TI＝“医疗” OR TI＝“制药” OR TI＝“病患” OR TI＝“病人” OR TI＝“护理”，在结果中检索。

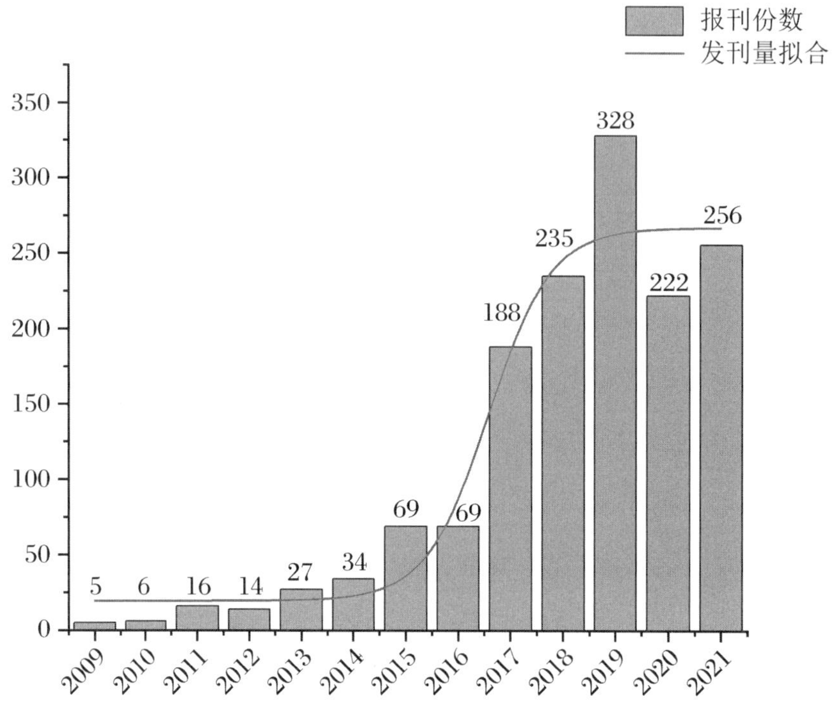


**图 1　CNKI 中文医疗 AI 媒介文本的年份分布**

如图 1 所示,国内有关医疗 AI 的相关报道早在 2010 年之前就有兴起,最早在 2007 年 6 月,科技日报记者郑晓春就在《科技日报》上刊发了《以开发出计算机图像识别新技术》的文章,指出:开发计算机图像识别新技术有望成为医学诊断助手的新闻报道,主要关注以色列和美国的计算机科学家与医院合作开发了一款通过分级比较提高计算机识别物体的新方法,并将其运用于对核磁共振扫描的脑损伤图像的分析,当时计算机标注受损病灶的准确率就已达 60%～70%[14],作为多学科医学诊断助手的医疗 AI 潜能也由此显现,而医疗 AI 相关报道的规模化在 2009 年出现(5 篇)。从 2014 年起,相关媒介报道数量开始加速增长,这也与现实中的医疗 AI 技术加速发展关系紧密,同年医疗 AI 作为技术战略开始被纳入到多个发达与主要发展中国家的政策文件中[15],同时期 AI 技术在医疗健康领域的专利申请总量也在同步加速增长[16]。国内自 2014 年以来,医疗 AI 领域创投热度也加速升温,尤其以医疗影像诊断为代表的细分领域技术逐渐成熟,大量企业开始布局转战医疗 AI。截至 2017 年下半年,国内医疗 AI 公司累积融资金额已超 180 亿[17],如此规模的资金流入以及规划清晰的技术愿景,配套相关政策文件的逐级落地,自然会吸引社会层面的广泛关注,2017 年相关报道发文数量猛增至 188 篇,是 2016 年报道数量的 2.72 倍,2019 年达到顶峰(328 篇),同年也迎来了医疗 AI 发展的转折点,大量同质化的竞争开始退潮，存续下来的医疗 AI 企业开始专注技术效能的优质提升与商业模式的革新角逐，发文数量在近两年开始回落波动。如此变化趋势，一方面切实反映了医疗 AI 在社会层面关注热度的波动式增长，一定程度上印证了对医疗 AI 技术的社会期望，另一方面，随着医疗 AI 产业化路径不断探明深入，以及数字化医疗转型的持续推进，未来的医疗 AI 相关媒介文本数量还会进一步增加。

## 3.2 研究方法

（1）为系统揭示国内医疗 AI 问题的社会认知，本文首先聚焦词频（Term Frequency）维度，高频词在技术热点主题发掘研究中，常用以表征某技术领域热点的主要分布情况[18-19]。本文挖掘 2009～2021 年医疗 AI 媒介文本的高频词汇，分析不同年份阶段的高频词汇分布与特征，对文本中的重要内容与主旨要义进行深入分析，并借助 Wordcloud 工具包进行可视化展现。

（2）语义网络[20]是目前主流的文本内容分析方法，常用于新闻文本中技术形象与社会认知的相关研究[2,21]，借助语义网络分析，能够发掘和归纳医疗 AI 媒介文本中的主题分布特征，为此本文运用 Jieba 工具包将采集到的媒介文本进行分词处理，结合 pandas 工具包与复杂网络分析软件 Gephi[22] 对矩阵数据进行语义网络分析，计算文本词中介中心性并形成语义网络可视化图像。

（3）以隐含狄利克雷分布（Latent Dirichlet Allocation）为代表的主题建模是发掘新闻文本中技术主题分类常用的自动文本分析方法[23]，在 AI 新闻文本主题的研究中已有应用[11]。因此，本文借助 LDA 程序包，对医疗 AI 2009～2021 年的全部媒介文本进行建模分类，发掘医疗 AI 媒介的主题内容。

# 4 数据分析与结果呈现

## 4.1 高频词汇分析

通过高频词汇分析能够提取和衡量医疗 AI 媒介文本中技术形象与关注主题的重要关键词，2009～2021 年医疗 AI 媒介文本前 20 位的高频词大致可以分为三类：第一类是技术适用语境主题，如医疗（2.32%）、医院（1.11%）、健康（0.87%）、患者（0.5%）、卫生（0.38%），主要反映了医疗 AI 的具体适用场景、行为主体以及医疗保健中 AI 技术的介入性应用；第二类是技术发展目的主题，如服务（0.81%）、信息（0.42%）、诊断（0.33%）等，说明医疗 AI 的技术定位是服务类导向的，在电子健康、大数据与信息化医疗体系的加持下，现行主流的医疗 AI 技术多为辅助诊断类型；第三类则是技术发展趋势主题,如人工智能(0.58%)、技术(0.54%)、系统(0.44%)、平台(0.33%)、建设(0.32%)等,可以理解为医疗 AI 是基于医疗语境的 AI 交叉的技术性结果,并随着医疗 AI 技术的不断发展完善,逐步从单一技术走向系统集成,并形成平台化的技术体系,继而走向技术与社会多维度组成的医疗 AI 生态系统。同时还应当注意,这三类文本主题是交互融合的,医疗 AI 技术目标与效能的实现离不开技术体系的搭建,智慧、智能与医疗相关文本词的高频次出现,未来还将进一步紧密融合。

此外,从高频词汇时序性角度看,不同年份的高频词汇也不尽相同。将 2009～2016、2017、2018、2019、2020 和 2021 六个不同时段的医疗 AI 媒介文本分别进行分词和清洗,生成不同时段的医疗 AI 媒介文本词的关键词云图(前 100 位),如图 2 所示。不同年份或时段的医疗 AI 媒介高频文本词具有较大差异,说明医疗 AI 的社会认知并非一成不变,而是动态和演化的。

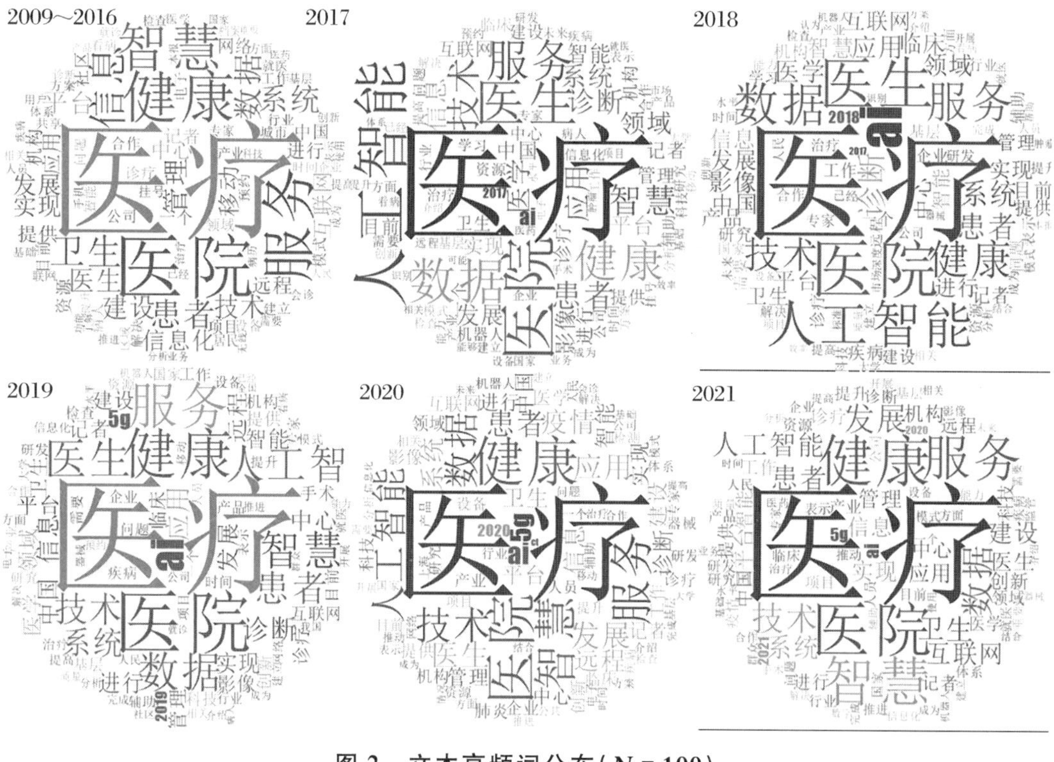


**图 2　文本高频词分布($N=100$)**

具体来看:2016 年之前(含 2016 年)的高频词汇中并没有出现与人工智能、深度学习、机器学习相关的词语,“智慧(1911 次)”说明 2016 年之前医疗 AI 的技术概念在国内并未大规模兴起,从医疗数字化转型的角度看,该时段还是以电子健康

(eHealth)、大数据、互联网+为核心驱动的智慧医疗。2017年往后至2019年，“人工智能”词频从1587次(2017年)降低至735次(2021年)，这种变化趋势并非指AI概念的热度递减，相反却是医疗与AI深入融合的体现，即AI开始与医疗相关细分领域加速融合，引入了大量的新高频词，也表明医疗AI媒介文本在这些年份关注的相关议题更加广泛。此外，5G也在2019年(746次)、2020年(673次)、2021年(453次)成为高频词汇，说明医疗AI的发展并非简单的AI技术与医疗的交叉创新，同时还要依靠各类相关技术的协同共进。同时还应关注到，“系统”与“平台”在不同阶段均有高频显现，其中“系统”在2017～2019年以及2021年，频次均为12～16位，“平台”相较“系统”在不同时段的频次要相对靠后，但整体仍为高频序列，在20～25位浮动。这种词频变化其实不难理解，医疗AI并非单一的技术产品，需要算法、数据、标准、政策、医师、病患等多元行动者的相互协作，系统化、平台化的运作模式与技术体系，是医疗AI未来创新发展与加速产业落地必要的前提条件。类似的如“患者”，在2016年之前累计频次就有1099次，2017～2021年均位列各自年度高频文本词的9～11位，也侧面印证了医疗AI从以往以医师为绝对主体的诊疗模式，向以病患为能动主体的个性化、精准化医疗模式转变。

## 4.2 文本语义网络

中介中心性(Betweeness Centrality)是文本网络中文本词地位重要性的衡量指标。在全文本网络中，高频文本词形成的语义网络中的前56位高中心度文本词均为0.843711，说明医疗、医院、服务、人工智能、数据、医生、患者、技术、平台等56个文本词是医疗AI媒介文本“绕不开”的基础内容。为了进一步洞察不同阶段医疗AI新闻文本中的基础性内容，对6个年份阶段，抽取各年度100个高频文本词作语义网络分析(图3)。

在医疗AI媒介的文本网络中，网络的核心文本词节点以及网络规模都在发生着变化。2009～2016年，医疗AI媒介文本主要是以“医疗”“医院”“服务”“信息”“平台”“数据”“系统”为内容主体(中介中心性均为11.68)，而人工智能仅排在第100为(中介中心性仅为1.23)。对应现实背景，说明2017年之前，医疗AI的社会关注热度还处在起步阶段，“网络(11.01)”“互联网(10.46)”“信息化(9.14)”等高中介中心性文本词，进一步印证了该时期电子健康、互联网+医疗的关注热度，医疗AI也在此阶段逐步走进社会视野。关注热度已有展现。

2017年，“人工智能(19.87)”排名突进，成为高中介中心性文本词，说明2017年是国内医疗AI媒介传播中重要的起步元年，且媒介文本内容开始分化为两大聚类：一是医疗AI的影像诊断开始受到社会关注，就“医学影像(8.82)”“肿瘤(6.86)”“癌症(3.9)""肺癌(2.81)"等相关诊断目标主体展开;二是延接 2016 年之前的医疗数字化转型,如"精准(13.7)""基层(10.39)""分级(5.53)",紧密衔接 AI 与医疗的交叉创新,开始对医疗 AI 的功能模式进行探索,引发了社会层面对技术的广泛关注。"百度(2.74)"一词位列高中介中心度的 99 位,也说明百度是国内较早涉及布局医疗 AI 的领军企业。

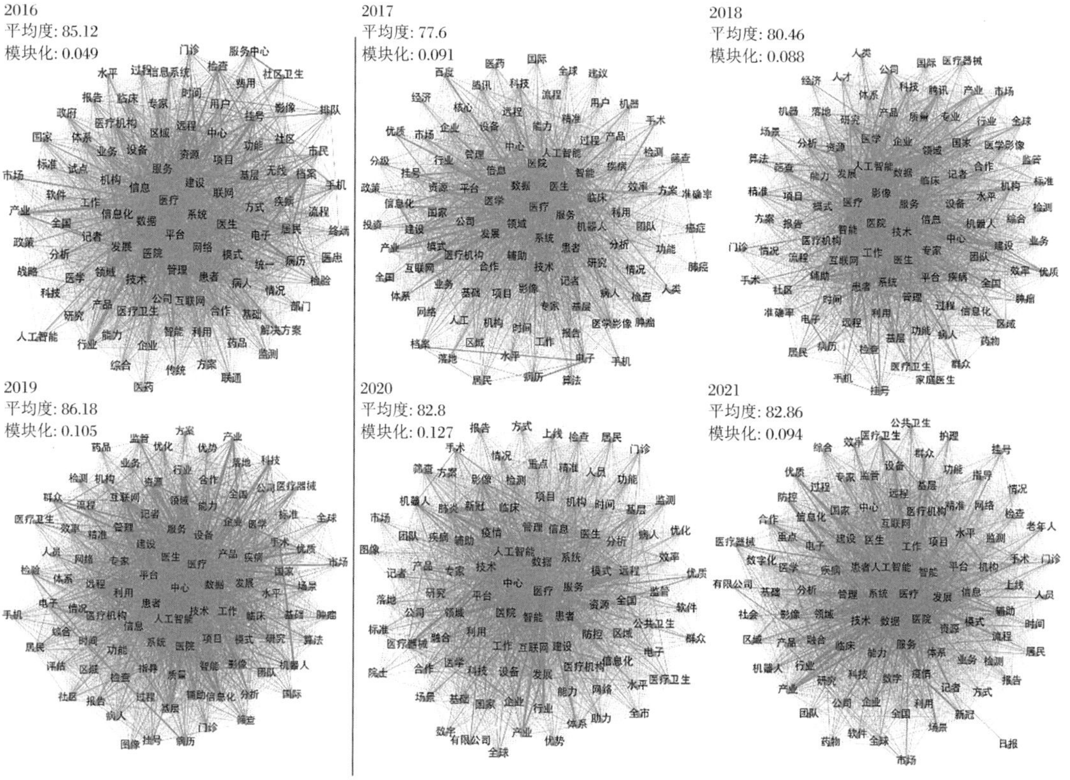


**图 3 高频词语义网络共现($N=100$)**

2018 年较之前年,主要的高中介中心性文本词都较为接近,值得注意的是"场景(6.89)"突现至该年的 64 位,说明对于医疗 AI 的社会认知,开始从对技术概念本身的关注,逐步转向以医疗 AI 为核心的场景建设;另如"标准(6.65)"在本年度跃进至 66 位,文本词"标准"在 2017 年未进入中介中心性前 100 位,在 2016 年位列 89 位,"监管(6.36)"在该年度位列 68 位,此前从未在前 100 位出现,表明 2017 年医疗 AI 的热度骤增,主要的社会认知关注在技术概念及其体系,而从 2018 年开始,医疗 AI 的体制化建设开始进入社会视野,配套的技术标准与监管模式,逐渐成为社会议题的核心内容之一。

进入 2019 年,文本词的中介中心度数值明显下降,说明该年度的主要议题发生了变化,较之 2018 年,新增了“指导(7.77)”“检验(4.45)”“优化(4.39)”“评估(3.9)”等诸多议题。结合现实背景,2019 年中华医院信息网络大会(CHINC)发布了《中国医疗人工智能发展报告(2019)》,内容涵盖制度、临床应用、学科技术、产业四大部分,是我国医疗 AI 领域的第一份正式出版的系统性研究报告,这也标志着国内医疗 AI 的推进部署进入战略化阶段,关于医疗 AI 的指导原则、试验标准、优化路径以及效能评估等议题自然成为医疗 AI 社会应用的关注重点,同时也在引领社会认知向技术体制化、技术与社会交互关系的方向转变。

2020 年,新型冠状病毒汹汹来袭,医疗 AI 的新闻文本中,“疫情(11.57)”“肺炎(10.37)”“新冠(10.36)”“防控(10.2)”等相关文本词成为该年度热议主题。此次抗击新冠疫情事件也在一定程度上催化和加速了医疗 AI 的应用试点,疫情防控需求强力提升了医疗 AI 产业的发展空间,扩大了智能化医疗设备的应用场景,如肺部 CT 辅助诊断、无人配送、智能护理等功能在实践中得以检验,在防疫抗疫活动中发挥了积极作用,医疗 AI 的正向效益得以强化彰显[24]。加之与“5G+”技术的深度协同,使得以 AI 为核心驱动的智慧医疗在疫情期间大放异彩,为智能化医疗体系创造了新的应用可能,也向社会公众展示了医疗 AI 的强大赋能潜力。

2021 年是疫情抗击常态化的一年,“疫情(13.65)”“新冠(9.26)”“防控(7.86)”等相关主题继续保持较高关注热度,较之 2020 年,有两类新进热点主题值得关注,一是“老年人(4.01)”,主要的发生与适用场景是基层医疗领域,智能化医疗设备的引入,帮助老年人避开传统医疗检查的繁琐流程,提高了老年人健康管理与疾病筛查工作的效率与服务效能,将“智慧医疗服务做进老年人的心坎里!”[25],进一步拓宽了医疗 AI 在老龄化时代的技术价值;二是“药物(2.72)”,AI 药物研发是继 AI 辅助诊断之后,又一获得显著进展的衍生应用[26],AI 结合大数据的竞争药物设计,能够高效率地模拟和筛选有效的药物分子,成为“创新药物研发和精准医疗的重要发展方向”[27]。由此可见,有关医疗 AI 的报道主题正逐步向技术的细分领域深入,并将更多与技术相关的社会问题纳入关注议程。

## 4.3 LDA 主题模型

由于 LDA 主题模型属于非监督模型,因此在实现对全文档建模前应当首先确定主题集数目 $K$,本文采用困惑度(Perplexity)来确定最优的主题数目 $K$,困惑度越小,表明模型的推广性与效果越好[28]。如图 4 所示,随着 $K$ 值的增大,困惑度逐渐减小,在 $K$ 约为 9 时,存在一个显著的拐点,表明此时 LDA 模型的效果最好,因此可认为拐点 9 即为 $K$ 的最佳参考值。

采用 LDA 方法,通过对 2009～2021 年医疗 AI 媒介报刊进行全文本分类,可发掘医疗 AI 媒介文本中主要存在以下 9 类主题内容(图 5),由此可实现对 2009～2021 年医疗 AI 媒介焦点问题的整体把握。

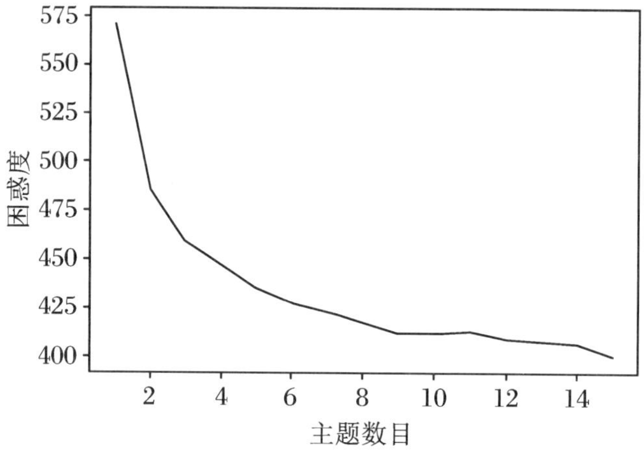


**图 4　主题困惑度分布**

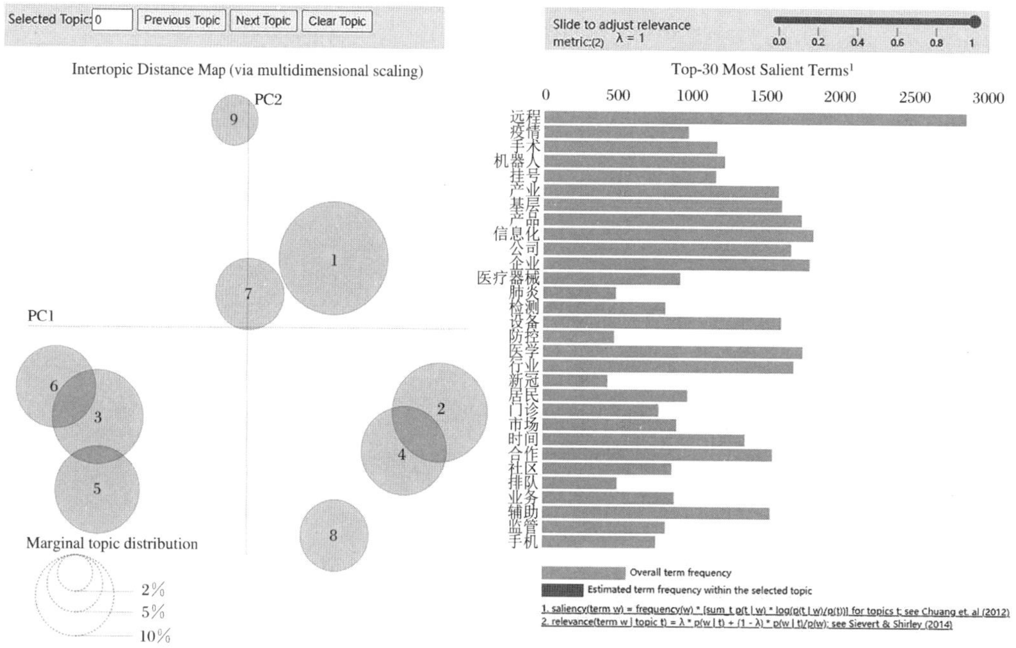


**图 5　LDA 主题模型分类**

主题序列＃0 与＃6 与智能化细分应用场景相关,其一是手术机器人是医疗 AI 在医疗非软件类器械的代表性技术产品,尤其是达芬奇系列外科手术机器人,更是掀起了国内外对手术机器人的强烈关注。从本文选取的媒介文本看,主题序列＃3 还可以分为两个子域:① 手术机器人自身的发展与进步,如 2017 年《上海科技报》报道的上海交通大学医疗机器人“创新链条”，为中国医疗机器人产业发展提供了强有力支撑[29]，次年《文汇报》刊载的荣获AIWIN冠军的上海术凯机器人有限公司，以及同年《中国医药报》关于医生“指挥”机器人手术的报道[30]；② 智能问诊，科技日报社记者张梦然分别在2018、2019和2020年撰稿三篇，关注深度学习算法能够实现快速准确的诊断，尤其在癌症诊断方面，比人类专家的判断更为迅速高效，帮助提升医疗工作效率[31]。虽然在标题中两次写明“超越放射学专家”，但也深刻指出AI与医生之间并非简单的替代关系，“人类医生和‘AI医生’，在未来的医疗环境中是优势互补的”[32]。

主题序列＃1、＃4和＃5与医疗体系的数字化转型与共同体建设相关，医疗AI不是单簇技术的线性发展，而是医疗信息化体系与平台的一次颠覆性赋能升级，主要关注的主题包括：① 为保证医疗AI的大体量学习数据的供给以及基于高质量数据集输出结果的精确性，需要为医疗AI配套个体健康的全周期电子病历和健康档案，构建智能医疗卫生信息系统[33]；② 强化医疗AI共同体合作，贯通技术临床转化，构建政产学研联动体系，推动人工智能与医学融合发展，“坚持医工结合、产学研相融合的发展策略”[34]；③ 建设智能化医疗运作平台，其中达实智能签订了国内目前规模最大的区域医疗信息平台项目，这意味着智慧医疗转型取得标志性突破[35]。

主题序列＃2关注AI的基层医疗赋能。近年来医疗AI的关注度迅速增加，主要与AI+医疗可能实现的技术期望之优越直接相关。现有的文本主题主要可分为三类：① 医疗AI颠覆性的功能属性。在2017年的北京大学医疗创新高峰论坛的报道中就提出“AI等先进技术正改变着医疗手段甚至是医疗模式，并将推动医学发展，重塑医疗产业”[36]；② 医疗AI对基层医疗的赋能作用。医疗AI“可将先进的技术带到基层的医疗机构中，提升基层医疗机构的诊疗能力，把患者留在基层，让分级诊疗真正落地”[37]，2018年百度就开发出面向基层医疗机构的临床辅助决策系统（CDSS）[38]，有力地推进了医疗AI“科技向善”的价值目标；③ 对医疗AI平台化与体系化的关注。医疗AI技术效能的是否充分发挥不仅取决于算法自身，而且需要平台与体系的整合性支持，这一点也已成为业界共识。

主题序列＃3重点关注了深度学习+医疗的重点发力领域——影像辅助诊断，关注深度学习算法能够实现快速准确的诊断，尤其在疾病诊断方面，比人类专家的判断更为迅速高效，有助于提升医疗工作效率，尤其聚焦近年成熟度提升较快的智能影像诊断领域：“今天的人工智能医疗机器已经可以通过MRI（核磁共振，英文全称magnetic resonance imaging）影像判断病人是否吸烟，准确率可以超过90%”[39]；再如2017年刊载在《中国科学报》的“‘AI+医疗影像’：智慧医疗突破口”一文指出的，“医学影像已经成为AI在医疗应用中最热门的领域之一”[40]，2020年2月，疫情危机时期,华中科技大学-华为智能创新实验室更是推出了新冠肺炎 AI 辅助医学影像量化分析系统,大大助力疫情精准诊断[41],有力地证明了智能医疗影像辅助诊断的技术效能。

主题序列♯7与医疗 AI 的市场融资相关。医疗 AI 的融资规模与热度近五年来不断叠升,成为技术融资的新进热潮领域,智能化医疗投资热度持续看好。"即使在一级市场整体低迷的情境下,机构仍然对 AI、互联网+医疗等主题保持浓厚兴趣"[42],"看好'AI+医疗'前景"[43]。不仅是医疗 AI 实体企业获得巨额融资引人关注,而且在此规模的投资趋势下,还催生出了千万元级别的基于 AI 的医疗产业投资平台[44],如此强力的技术预期,使得 AI 与新药研发的交叉创新成为资本市场新的"宠儿"。虽然相关企业目前融资阶段仍多为 A 轮,距离规模化收入还处于探索起步[45],但是如此规模的金融介入,在一定程度印证了"AI+"制药的发展潜力。然而从 2020 年开始,国内 AI+医疗融资事件持续"降温",但融资总额却强势走高[46],一方面是市场趋于"冷静"的理性回归,认清到医疗 AI 产业的长期性,另一方面,2014 年起涌现出的一大批智能医疗企业,大多同质化严重,经过多年的竞争兼并与淘汰退出,在医疗 AI 各细分领域逐渐形成了强势企业,融资也更倾向技术实力主导的高质量且有独特竞争优势的智能医疗企业。

主题序列♯8关注抗击新冠疫情时期的医疗 AI 应用。在抗疫期间,"医疗和公共场所的服务型机器人则有效辅助医务人员完成了部分危险工作,能减少医务人员的交叉感染风险"[47],医疗 AI 技术效能也在抗疫过程中得以实践检验。其中代表性的成果有:① AI 助力新冠 CT 影像诊断速度与精确度,"能将医生诊断效率提升 30%～50%,解放了一些老专家,让他们有更多时间进行深度研究"[47];② AI 助力新冠疫苗研发,运用疫情爆发以来的大量样本数据,加速新药和疫苗的研发设计[48];③ AI助力智能化疫情应急体系建设,"加强医防协同,建立疾病和危险因素的预警机制,实现关口前移是当务之急"[49]。抗击新冠疫情的现实需求一定程度上催化了医疗 AI 的实践应用,彰显了智能化医疗技术的强大潜能,加速了医疗 AI 技术自身的发展,深化了社会层面对医疗 AI 的技术认知,增进了公众对技术的了解,详见表 1。

此外,在关注医疗 AI 正向效益的同时,社会媒介也注意到技术可能引发的各类社会问题,包括伦理风险问题,这一部分在分析结果中体现不明显,说明该主题内容的社会关注度相对较低;其二,"AI 夹带如此强大的能力,若没有相关道德伦理准则约束是很危险的[50],技术和标准之外,AI 面临的责任认定和医疗伦理的考验也处于尴尬中"[51];其三,事关医疗 AI 的法律支持,AI 引发的医疗领域颠覆性转型,很多都超出了现有法律体系的适应范围,匹配的法律机制亟待变革优化。目前国内暂无对医疗 AI 专项的安全保准、责任规范、隐私保护等相关风险问题的法律指示与约束准则[52]，相关法律法规的设立还处在摸索阶段[53]。医疗AI媒介信息的传播主体，作为医疗AI技术体系化过程中重要的能动参与者，在关注技术积极效应的同时，应当加强对技术风险与伦理等问题的关注。

**表1　LDA主题分类及主要文本词**

| 序号 | 主题标签 | 主要文本词（$N=20$） | 边际主题分布 |
|---|---|---|---|
| #0 | 细分场景 | 手术 远程 机器人 设备 网络 场景 监测 护理 视频 行业 方案 专家 传输 指导 老人 传统 病人 生命 现场 精准 | 19.2% |
| #1 | 数字转型 | 信息化 工作 监管 电子 全市 项目 医疗卫生 区域 医疗机构 机构 居民 体系 群众 统一 综合 档案 基础 业务 部门 人口 | 14.7% |
| #2 | 基层赋能 | 远程 基层 社区 居民 专家 医疗机构 家庭医生 群众 服务中心 医疗卫生 社区卫生 优质 模式 机构 联体 乡镇 设备 分级 区域 档案 | 13.4% |
| #3 | 影像诊断 | 影像 临床 辅助 疾病 研究 医学 筛查 分析 肿瘤 医学影像 专家 人类 机器 团队 能力 算法 腾讯 准确率 图像 病人 | 11.9% |
| #4 | 产研转化 | 产业 医学 国家 合作 科技 项目 企业 论坛 研究 国际 院士 融合 人才 体系 有限公司 战略 大会 社会 全球 全国 | 11.6% |
| #5 | 合作深化 | 合作 业务 用户 药品 模式 医药 行业 公司 联网 网络 解决方案 药店 集团 信息化 全国 联通 处方 数字 战略 药房 | 10.1% |
| #6 | 智能问诊 | 挂号 时间 门诊 病人 检查 手机 排队 流程 信息化 微信 市民 病历 电子 体验 护士 检验 报告 功能 住院 无线 | 7.7% |
| #7 | 融资市场 | 产品 公司 企业 行业 医疗器械 市场 科技 软件 设备 标准 投资 产业 药物 全球 百度 临床 创业 资本 经济 研究 | 7.6% |
| #8 | 疫情应对 | 疫情 肺炎 防控 新冠 检测 公共卫生 工作 病毒 人员 疫苗 核酸 应急 抗疫 体系 监测 全国 远程 预警 分析 防疫 | 3.8% |

# 5 研究结果与讨论

医疗AI近年来引领的新一代智慧医疗,以其强势的技术愿景引发了社会层面的广泛关注。整体上,如此规模体量的医疗AI媒介,一系列的相关报道更是印证了社会对医疗AI技术的期望寄托。通过对1469份中文医疗AI媒介文本的系统分析,得出以下两点主要结论。

(1) 医疗AI作为极具市场和社会前景的创新技术,在其发展的早期阶段,基于媒介信息的社会认知情况,作为AI的交叉应用子域,与一般性AI技术[7]和更早年份的纳米技术[5]的社会认知趋势相对一致,即在技术应用和扩散的初阶,社会媒介信息的关注中心都聚焦于多技术的科学解释与传播,在对技术类别的主题报道中,目前国内的医疗AI媒介报道涵盖了辅助诊疗、医学影像、疾病风险预测、药物挖掘等多个细分实践领域,传递专家就医疗AI体制化前沿动态的评论与观点,突出了医疗AI创新的交叉性,各种新颖的技术效能获得重视,深入推进医疗AI技术的科学传播,增强公众对技术的科普性认知,塑造贴合医疗AI发展的社会文化。

(2) 与转基因[3]、人脑增强[4]、纳米技术[54]等新兴技术的媒介信息内容趋势一致,技术社会效应的双刃性在医疗AI媒介信息的文本内容中也有相应体现。2009～2021年,医疗AI媒介文本的主题内容已不再局限于对技术本身颠覆性效能的描绘性引介,开始关注到医疗AI社会应用过程中可能产生的各类风险问题及其可能的治理举措。医疗AI的社会认知在技术社会期望认可的基础上,主要存在两大类并行观点:一是技术乐观派,认为随着医疗AI技术的不断创新与应用扩散,能够有力补强现有医疗体系的服务供给能力,个体数字化的加持,使得精准化医疗得以加速落地;二是辩证派,即在医疗AI蓬勃发展过程中,深刻意识到技术的负外部性,认为存在如伦理道德、法律法规、社会风险等非技术性问题,一定程度上丰富了医疗AI的社会认知画像。

总体而言,医疗AI方兴未艾,仍在蓬勃发展的初级阶段,通过媒介信息客观地把握其社会认知的基本聚类,有助于从技术与社会协同发展的视角拾遗补缺,为未来医疗AI的技术社会共同建构提供有益的反思和参照。

# 6 研究总结与不足

通过本文对1469份中文医疗AI媒介文本的系统分析,一方面强化印证了媒介信息在医疗AI社会认知中的表征中介作用,通过新闻媒介能够转译(translate)医疗

AI多元利益相关群体在技术认知、体验感知以及发展预见等不同层面的观点表述,能够反映技术演化不同阶段的社会认知状态,由此反映技术形象的塑造、演化与变迁,尤其能够针对医疗AI与人切身的技术特点,较为及时地反馈社会层面对技术的形象认知与关注要点,同时借助媒介传播的扩散性以及媒介主体的权威性;另一方面,从主题内容上看,医疗AI的媒介信息已为其塑造了规模化的社会认知形象,涵盖了辅助诊疗、医学影像、疾病风险预测、药物挖掘等多个实践领域,突出了医疗AI创新的交叉性,并逐渐形成了辩证审慎和技术乐观两大类观点,虽然已有关注到医疗AI社会应用过程中可能产生的各类风险问题及其可能的治理举措,但是直接关联的风险性事件报道过少,相关理论研究成果则更不多见,未来应有所补充和加强,以增强社会公众对医疗AI的辩证认识。

本研究存在的不足包括:① 仅依托传统新闻报刊作为医疗AI社会认知研究来源,难以涵盖社会公众对医疗AI的感知评价,下一步的研究应当进一步丰富数据来源,将微博、微信、博客、论坛等新兴社会媒体的及时数据纳入研究展开的范畴;② 拓展理论视角,将医疗AI社会认知的实证研究成果与社会认知理论相结合,结合医疗AI在现实中重大的实践事件,完善医疗AI社会认知研究的理论基础;③ 引入更多媒介信息领域的分析方法,如$K$均值聚类、情感分析等,进一步挖掘医疗AI媒介信息中蕴含的感知状况与价值信息。

# 参考文献


[1] Jha S, Topol E J. Adapting to artificial intelligence: radiologists and pathologists as information specialists[J]. JAMA, 2016, 316(22): 2353-2354.

[2] 李欣,谢前前,洪志生,等.基于社会感知分析的新兴技术发展趋势研究:以钙钛矿太阳能电池技术为例[J].科技进步与对策,2018,35(10):15-24.

[3] Cook G, Robbins P T, Pieri E. "Words of mass destruction": British newspaper coverage of the genetically modified food debate, expert and non-expert reactions[J]. Public Understanding of Science, 2006, 15(1):5-29.

[4] Arnaldi S. Converging technologies in the Italian daily press 2002—2006: preliminary results of an ongoing research project[J]. Innovation-The European Journal of Social Science Research, 2008, 21(1):87-94.

[5] Groboljsek B. Daily newspapers' views on nanotechnology in Slovenia[J]. Science Communication, 2012, 34(1):30-56.

[6] Sun S J, Zhai Y J, Shen B, et al. Newspaper coverage of artificial intelligence: a perspective of emerging technologies[J]. Telematics and Informatics, 2020,

53:101433.

[7] Zhang B B, Dafoe A. Artificial intelligence: american attitudes and trends[EB/OL] (2019-01-09)[2022-10-17]. http://dx.doi.org/10.2139/ssrn.3312874.

[8] 余文婷，刘会. 科学传播中的意识形态变迁:基于美国人工智能报道的文本分析[J]. 科学与社会，2020，10(3):111-124.

[9] 林嘉琳，师文，陈昌凤. 我国公众智能价值观的现状评估与引领研究:基于2020年智能技术的热点舆情分析[J]. 当代传播，2021 (3):32-37.

[10] Nguyen D, Hekman E. A “new arms race”? framing China and the U.S.A. in A.I. news reporting: a comparative analysis of the Washington post and south China morning post[J]. Global Media and China, 2022, 7(1):58-77.

[11] Cools H, Gorp B V, Opgenhaffen M. Where exactly between utopia and dystopia? a framing analysis of AI and automation in US newspapers[EB/OL]. (2022-08-19)[2022-10-18]. https://journals.sagepub.com/doi/10.1177/14648849221122647.

[12] 汪琛，孙启贵，徐飞. 基于价值嵌入的医疗人工智能伦理规制研究[J]. 中国科技论坛，2022(8):172-180.

[13] 朱晶. 复杂性哲学视角下的人工智能医学[J]. 哲学分析，2018，9(5):27-37，196-197.

[14] 郑晓春. 以开发出计算机图像识别新技术[N]. 科技日报，2007-06-12(002).

[15] 孙启贵，汪琛，王加宇，等. 医疗AI发展的社会-技术分析与启示[J]. 自然辩证法研究，2021，37(3):48-53.

[16] 陈欣然，李国正，崔一迪，等. 基于专利计量的全球人工智能技术在医疗健康领域应用发展态势分析[J]. 科技管理研究，2021，41(3):139-147.

[17] 亿欧智库. 2017人工智能赋能医疗产业研究报告[R]. 北京：亿欧智库，2017.

[18] 梁立明，谢彩霞. 词频分析法用于我国纳米科技研究动向分析[J]. 科学研究，2003(2):138-142.

[19] 吴菲菲，童奕铭，黄鲁成. 嵌入社会感知的技术热点主题识别与发展态势分析:基于微信公众平台视域[J]. 现代情报，2020，40(3):47-57.

[20] Doerfel M, Barnett G. A semantic network analysis of the international communication association[J]. Human Communication Research, 1999, 25(4):5-90.

[21] Kim L, Ju J. Can media forecast technological progress?: a text-mining approach to the on-line newspaper and blog’s representation of prospective industrial technologies[J]. Information Processing & Management, 2019, 56(4):1506-1525.

[22] Bastian M, Heymann S, Jacomy M. Gephi: an open source software for exploring and manipulating networks[C]//Association for the Advancement of Artificial Intelligence. Proceedings of the International AAAI Conference on Web and Social Media, 2009, 3(1), 361-362.

[23] Weiss D, Nemeczek F. A text-based monitoring tool for the legitimacy and guidance of technological innovation systems[J]. Technology in Society, 2021, 66: 101686.
[24] 冯华. AI+医疗，助力健康中国建设[N]. 人民日报，2020-07-13(019).
[25] 刘冕. "智慧医疗"让便捷触手可及[N]. 南昌日报，2021-09-10(003).
[26] 赵娜. AI辅助新药研发 机器人成为抗癌斗士：数字医疗的万亿市场正在崛起[N]. 21世纪经济报道，2021-05-31(010).
[27] 陈怡. 陈凯先院士详解生物医药科技创新前沿和我国发展态势[N]. 上海科技报，2021-05-26(003).
[28] 王亚民，胡悦. 基于LDA的微博舆情热点发现[J]. 情报杂志，2016，35(11)：119-124,140.
[29] 盛西红，戴丽昕. 智慧医疗新愿景[N]. 上海科技报，2017-12-29(002).
[30] 安慧娟. 医疗AI令人期待[N]. 中国医药报，2018-09-27(003).
[31] 张梦然. 深度学习可超快分析三维医学影像[N]. 科技日报，2018-08-14(002).
[32] 张梦然. AI检测癌症能力超越放射科专家[N]. 科技日报，2020-01-11(002)
[33] 鲍蔓华. 党派提案助推宁波市智慧医疗建设[N]. 人民政协报，2011-11-30(A03).
[34] 孙永剑. 医疗健康信息化迈向新阶段[N]. 中华工商时报，2021-08-04(006).
[35] 蒋毅梾. 达实智能坚定转型智慧医疗 打造一体化综合服务模式[N]. 通信信息报，2016-03-16(C04).
[36] 吴佳佳. 人工智能技术将改变医疗业[N]. 经济日报，2017-12-01(008).
[37] 荆文娜. 人工智能"涉足"医疗资源下沉基层[N]. 中国经济导报，2017-04-07(B02).
[38] 朱筠. 看AI如何助力基层医疗[N]. 人民邮电，2019-12-31(005).
[39] 吴苡婷，徐宁宁. 看脑部片子可以判断此人是否吸烟[N]. 上海科技报，2018-05-18(003).
[40] 赵广立. "AI+医疗影像"：智慧医疗突破口[N]. 中国科学报，2017-04-13(006).
[41] 刘志伟，王潇潇，王子文. 新冠肺炎AI辅助医学影像诊断系统研究取得进展[N]. 科技日报，2020-02-12(002).
[42] 张焕昀. VC/PE看好"AI+医疗"前景[N]. 中国证券报，2019-05-20(W11).
[43] 余世鹏. 机构看好"AI+医疗"前景[N]. 中国证券报，2019-06-03(011).
[44] 贺骏. 人工智能落地医疗投资 汇众医疗获数千万元Pre-A轮融资[N]. 证券日报，2019-02-21(C03).
[45] 姚倩. 融资风起 AI制药时代还有多远[N]. 北京商报，2021-03-05(003).
[46] 黄蕾. 医疗AI融资热B面：商业化是门慢生意[N]. 经济观察报，2021-11-15(015).
[47] 金叶子. 从CT诊断到智能机器人 人工智能抗疫中有这些上海身影[N]. 第一财经日报，2020-02-25(A06).

[48] 袁斯茹."AI+医疗"诞生万亿级市场[N].深圳商报,2020-11-19(A04).
[49] 严慧芳.专家呼吁医防协同建立智慧预警系统[N].南方日报,2020-11-27(B02).
[50] 顾锡东,陆桂芳,于伟.给医疗 AI 的 *N* 条建议[N].健康报,2017-03-04(003).
[51] 井超,张彦婷.医疗 AI:成长的烦恼[N].健康时报,2019-05-14(003).
[52] 于紫月.这些问题不解决 在医疗领域 AI 只能"打下手"[N].科技日报,2019-08-12(008).
[53] 高志民.医疗 AI 的四个法律问题[N].人民政协报,2021-05-11(012).
[54] Dudo A, Dunwoody S, Scheufele D A. The emergence of nano news: tracking thematic trends and changes in U.S. newspaper coverage of nanotechnology[J]. Journalism & Mass Communication Quarterly, 2011, 88(1):55-75.

# Social Cognitive Research of AI4Health Based on Media Information: Text Analysis Based on 1469 Chinese Reports

WANG Chen[1)], SUN Qi-gui[2)], XU Fei[3)]
1)3) Department of Philosophy of Science and Technology, Hefei 230026;
2) School of Public Affairs, University of Science and Technology of China, Hefei 230026

**Abstract** In recent years, the rapid development of AI4Health technology and its remarkable industrial prospects have made it increasingly widely concerned by the society. The massive media information generated by AI4Health has an important empirical reference for focusing social attention, positioning development paths and strategic choices. value. This paper takes 1469 media reports on AI4Health in Chinese newspapers and periodicals as the research object. With the help of text analysis methods such as word frequency analysis, semantic network and topic model, this paper explores the focused content of AI4Health media texts in different periods, and integrates the description of domestic AI4Health. Distribution of topics of concern. The study found that the number and scale of media texts of AI4Health have increased rapidly in recent years, and the content of attention has gradually penetrated into 9 subsets of AI4Health. The social problems and countermeasures that artificial intelligence may cause are also constantly causing heated discussions in the society. Attention should be paid to the coordination of technological development and governance mechanisms.

**Key words** media information；AI4Health；social cognition；text analytics

## 作者简介

汪琛，安徽合肥人，博士研究生，主要从事医疗人工智能伦理研究。

孙启贵，安徽无为人，博士，副教授，主要从事科技与社会研究。

徐飞，通信作者，江苏扬州人，博士，教授，主要从事科技哲学与科技史研究，E-mail：xufei@ustc.edu.cn。

## 基金项目

中央高校基本科研业务费资助“合成生物学伦理政策法规框架问题研究”（YD2110002004）；中国科协2022年度研究生科普能力提升项目“伦理风险型技术的科普解读与社会感知研究：以人工智能医疗技术为例”（KXYJS2022070）。

# 新冠疫苗科普信息搜寻意愿影响因素研究：基于A大学学生群体的调查

褚建勋[1),2),3)]　王晨阳[1),2),3)]

1）中国科学技术大学人文与社会科学学院，合肥　230051

2）中国科学技术大学计算社会科学与融媒体研究所，合肥　230051

3）中国科学院科学传播研究中心，合肥　230026

**摘　要**　研究大学生群体新冠疫苗科普信息搜寻意愿影响因素，有助于更好地开展针对该群体的新冠疫苗科普工作。目前，对信息搜寻行为中情感因素影响的研究并不完善，对恐惧的作用缺乏研究。本文采用问卷调查法和结构方程模型对大学生群体新冠疫苗科普信息搜寻意愿影响因素进行分析。研究发现：感知严重性和感知易感性正向影响恐惧；恐惧、态度、主观规范、知觉行为控制正向影响新冠疫苗在线科普信息搜寻意愿；面对新冠疫苗负面信息，女性恐惧感高于男性，年龄与恐惧和搜寻意愿呈显著负相关，女性、人文社科类学生具有更强的搜寻意愿。因此，基于研究提出如下建议：第一，新冠疫苗科普信息传播应以传播科学知识、回应公众关切、缓解公众恐惧为首要目标，切断“信息疫情”的蔓延；第二，可适当采用恐惧诉求，发挥人际传播的作用，以提升大学生新冠疫苗科普信息搜寻意愿；第三，要提升男性搜寻意愿，针对男性和人文社科类大学生开展精准科普，也要缓解女性恐惧感。

**关键词**　信息搜寻；新冠疫苗；风险感知；风险沟通

## 1　引　　言

目前，新冠疫苗被广泛视为控制疫情的有效手段，世界多国正在积极研制和大力推广接种新冠疫苗[1]。但新冠肺炎疫苗研发具有极高风险,评价疫苗在人体上的安全性和有效性也面临难点[2]。国外一些民众在接种新冠疫苗后,出现了严重不良反应,引发公众恐惧[3]。Verger 等[4]调查发现,对新冠疫苗安全性的担忧是接种犹豫的主要原因。因此,开展大规模疫苗接种之前,必须解决公众对疫苗的担忧。李晶等[5]对昆明市756例就诊患者进行调查发现,对新冠疫苗安全性和有效性的担心是受访者不愿意接种的主要原因。王志伟等[6]对广州市居民进行的调查发现,尽管该地区民众对新冠疫苗知晓度高,但由于风险认知不足,对疫苗安全性、有效性存有疑虑,疫苗上市后立即接种的积极性仍然很低。由此可见,对未知的恐惧是公共卫生工作的重要阻碍因素。恐惧(fear)是一种由个体感知到严重的且与其相关的威胁所引发的负面情绪,伴随着高度的唤醒[7]。恐惧与个体的风险感知和风险应对行为紧密相关,恐惧情绪将引发个体的危险控制,即通过采用适应性改变来控制危险的策略或动机[8]。但在突发公共卫生事件中,恐惧也是刺激公众搜寻健康信息的重要影响因素[9-10],因此,做好新冠疫苗科普,广泛普及疫苗接种方面的知识,让科普之"翼"更加有力,有利于引导群众正确理性看待疫苗接种,消除恐慌心理、克服焦虑情绪、提升接种意愿,为推动疫苗接种奠定良好的社会心理基础[11]。

意愿(intention)是一个源于心理学领域的研究概念,指人们在进行某项活动前,个体的主观意愿或行为倾向。之后,该概念被应用于行为科学研究之中,引申出行为意愿概念,即行为主体在实施某种特定行为前所反映出的动机、计划或倾向。随着研究的不断深入,学者开始探讨行为意愿与行为之间可能存在的认知机制,并探讨出一种可能的认知机制,即行为执行意愿(implement intention)。根据Gollwitzer的研究,行为执行意愿反映了个体行为者的心理认知,是个体对特定行为产生的主观态度、认知、意识或动机,是个体实施具体行动之前的一个准备阶段和行为前奏,可用来有效预测个体行为的产生。笔者考察大学生群体对新冠疫苗科普信息的搜寻执行意愿,并将其定义为大学生群体利用互联网检索、浏览、选择、评价及利用此类信息的主观意愿或行为倾向。对此进行研究,不仅有助于从理论上理解公众新冠疫苗搜寻意愿影响因素,还有助于提升公众搜寻意愿和行为能力,有助于健康信息服务机构提升健康信息传播和服务的能力。

## 2 文献梳理和研究假设

计划行为理论是健康信息搜寻领域的重要理论,旨在预测和解释特定情况下的个体或公众行为。在计划行为理论中,对行为的态度是指一个人对目标行为的积极或消极评价,而主观规范是指对执行或不执行该行为的社会压力的感知。感知的行为控制是指个人认为其能够执行该行为的难易程度[12]。计划行为理论在健康信息搜寻意愿研究中的适用性和解释力已被先前进行的众多实证研究所证实。例如，Marton 等[13]通过系统文献综述发现，计划行为理论是在线健康信息搜寻意愿或行为研究领域的重要理论之一。Shamlou 等[14]研究了计划行为理论在识别影响妇女在线健康信息搜寻意向和行为的因素中的应用，结果表明态度、主观规范和知觉行为控制是影响妇女在线健康信息搜寻意向的重要心理变量。根据计划行为理论，本研究通过评估大学生群体与新冠疫苗科普信息搜寻相关的主观规范和知觉行为控制的信念，以及新冠疫苗科普信息搜寻相关的积极态度，可以预测出该群体积极的新冠疫苗科普信息搜寻意愿。

需要指出的是，计划行为理论并非穷尽模型。在基本假设变量之外，许多研究还纳入了其他变量和理论模型，以提升计划行为理论的解释力和适用性[15-16]。具体到风险传播、健康传播及信息搜寻行为的相关研究而言，在计划行为理论中纳入情绪变量、风险感知变量是拓展模型的主要措施[17]。例如，Kahlor[18]通过整合计划行为理论与风险感知理论，研究了公众全球变暖风险信息搜寻意愿。Hmielowski 等[19]研究了焦虑和绝望在环境风险信息搜寻中的不同作用。从更高的理论层面看，风险传播和信息搜寻领域发展出的重要理论模型，如 GRIFFIN 等[20]提出的风险信息搜寻与处理模型(RISP)，Kahlor[21]提出的计划风险信息搜寻模型(PRISM)，均是以计划行为理论为基础，增添风险感知、情绪等变量发展而来。感知严重性、感知易感性等风险感知变量与焦虑、后悔等情绪变量的关系也被前述模型及其后续大量研究所证实[22-23]。但目前对信息搜寻行为中情绪因素影响的研究并不完善，且相关研究多关注焦虑情绪的影响作用，对恐惧情绪的影响机制缺乏研究[24]，而如前所述，国内外相关研究表明，恐惧情绪在新冠疫苗接种中具有两面性：一方面，恐惧因素是影响公众新冠疫苗接种意愿的重要因素，另一方面，恐惧也是激发公众搜寻新冠疫苗科普信息的重要刺激因素。Yang 等[25]研究发现，信息回避由积极情感驱动，而信息搜寻更受消极情感的影响。因此，研究恐惧情绪的影响机制，有助于增进对健康信息搜寻行为的认知，从理论层面丰富健康信息搜寻研究领域。

此外，在风险或健康信息搜寻研究之中，性别、年龄、受教育程度、学科门类等，同样是重要的影响变量。Baumann 等[26]提出，社会经济地位、年龄和性别等人口统计学因素被认为是在线健康信息寻求行为(OHISB)的重要影响因素，并对性别、年龄因素的影响作用进行了实证研究。相关学者的研究也表明，不同学科门类的大学生群体在信息搜寻意愿和行为方面存在显著性差异[27-28]。因此，本研究将性别和学科门类作为重要的控制变量纳入模型研究之中。

综上所述，通过对相关文献的系统性梳理，本研究在计划行为理论的基础上，纳入恐惧因素，并将风险感知中的感知易感性和感知严重性变量作为恐惧的前因，将性别、学科门类作为控制变量，构建出恐惧视角下的新冠疫苗科普信息搜寻行为模型，见图 1。

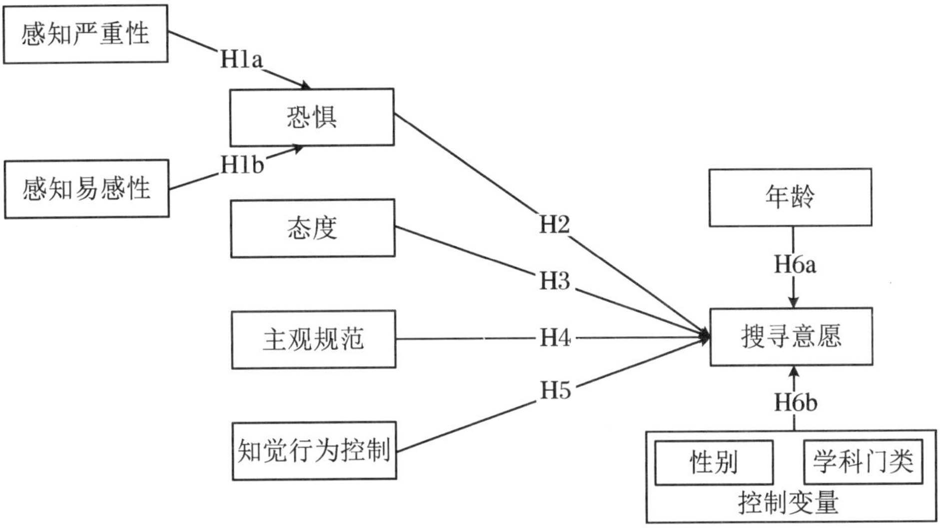


**图 1　恐惧视角下的新冠疫苗科普信息搜寻意愿模型**

## 2.1　风险感知与恐惧的关系界定

风险感知是指个体对环境中各种客观风险特征及其严重性的判断，分为感知严重性和感知易感性两个维度[29]。Rather[30]指出，风险感知强调个体主观感受带来的体验，风险感知程度越高，代表着个体认为遭受风险侵害的可能性和危害性越强，会导致个体安全感和不确定性降低，进而产生恐惧、焦虑等负面情绪。由于新冠疫苗涉及人身安全，公众对新冠疫情的风险感知将影响其恐惧情绪。王悦等[31]发现，对新冠肺炎疫情的风险感知是影响恐惧情绪反应的关键因素，恐惧情绪障碍检出率与风险感知高度相关。感知严重性是个体对风险严重程度的判断。新近研究发现，新冠肺炎疫情期间，感知严重性与恐惧情绪和负面行为结果密切相关，表明感知严重性对心理健康具有潜在的负面影响[32]。感知易感性是个体对风险可能性的判断。Armfield[33]指出，感知易感性是造成个体恐惧的重要因素，对风险发生可能性的判断越高，越容易引起恐惧反应。基于此，本研究提出如下研究假设：

H1a：感知严重性正向影响恐惧情绪；

H1b：感知易感性正向影响恐惧情绪。

## 2.2 恐惧与搜寻意愿的关系界定

Slovic[34]指出,强大的"恐惧感"是风险感知文献中研究最多的情感反应。Witte等[35]提出的新平衡过程模型理论认为,恐惧有助于激发个体的危险控制意识,使得个体效能感和威胁意识同步增强,从而产生保护动机和风险应对行为。张冰等[36]研究发现,在恐惧情绪影响下,个体的决策行为更加保守,更倾向于风险规避。Lundborg[37]研究发现,对吸烟死亡风险的恐惧感知与吸烟行为之间呈负相关,被调查者认为吸烟成瘾、吸烟死亡的风险越大,越不可能成为吸烟者。认知失调理论表明,当个体处于不平衡、不对称、不协调等认知失调状态时,将会产生恐惧等负面情绪。在负面情绪的刺激下,个体将努力增加认知、改变态度和行为,以减少认知不协调[38]。搜寻新冠疫苗科普信息是重要的风险应对行为,有助于增进对新冠疫苗的认知,减少认知不确定性,降低认知失衡,因而是一种重要的风险应对行为。基于此,本研究提出如下研究假设:

H2:恐惧正向影响新冠疫苗科普信息搜寻意愿。

## 2.3 态度与搜寻意愿的关系界定

在计划行为理论等理论中,态度被视为个人对特定行为结果的显著信念,均是预测个体行为意愿的重要变量,其预测力已被健康行为研究所印证。顾东晓等[39]研究发现,态度显著影响着在线健康社区中用户的信息持续搜索,态度越趋向积极和正面,用户健康信息持续搜索意愿越强烈。聂静虹等[40]研究发现,态度是影响病患就医意愿和健康意向的重要因素,病患的行为态度越积极,其依从性就医意愿和健康意向就越高。瞿先国等[41]研究表明,态度能够显著影响居民的健康自我管理行为。王静雅等[42]对651名低年级小学生行为态度进行研究后发现,无论是直接行为态度,还是间接行为态度,均与低年级小学生口腔健康行为意向相关。基于此,本文提出如下研究假设:

H3:态度正向影响新冠疫苗科普信息搜寻意愿。

## 2.4 主观规范与搜寻意愿的关系界定

主观规范指个体对一般社会压力的感知,即个体对执行或不执行某种特定行为时所感受到的社会压力或规范力量,是预测个体行为意愿的有效变量[15]。主观规范对个体科普信息搜寻意愿的作用机制分为两个层面:一方面,主观规范发挥着重要的规范作用,即他人期望和社会规范会促使个体通过信息搜寻增进对风险的认知,以满足他人对自己的认知期望[43]。另一方面,主观规范具有重要的示范作用,即他人或社会的科普信息搜寻行为会激发个体模仿该行为的积极性，从而促使个体进行科普信息搜寻[44]。顾东晓等[39]研究发现，主观规范对在线健康社区用户的持续搜索意愿具有增强作用。王馨悦等[45]指出，在重大突发公共卫生事件中，主观规范是影响公众信息搜寻意愿的重要因素。基于此，本研究提出如下研究假设：

H4：主观规范正向影响新冠疫苗科普信息搜寻意愿。

## 2.5 知觉行为控制与搜寻意愿的关系界定

知觉行为控制反映了个体过去的经验和预期的阻碍，分为感知自我效能和感知控制两个维度[12]。Banerjee等[46]指出，当个体产生科普信息搜寻需求时，将对自身所拥有的搜寻意愿、搜寻能力、搜寻经验和资源条件进行判断，当个体认为其掌握的资源越丰富，预期阻碍越低时，搜寻意愿将越强烈。Willoughby等[47]认为，知觉行为控制对搜寻意愿具有直接影响，既可以用来反映个体对执行风险防护行为的信心，也可以用于预测个体执行风险防护行为的有效性。风险传播和健康传播的众多研究表明，知觉行为控制是预测个体风险应对行为的重要变量。阮文佳等[48]指出，知觉行为控制与国际游客的雾霾防护行为呈正相关关系。陆欢等[49]指出，知觉行为控制对驾驶员交通信息搜寻-决策行为的影响最大。聂静虹等[40]指出，知觉行为控制对患者依从性就医意愿和健康意向具有显著正向影响。基于此，本研究提出如下研究假设：

H5：知觉行为控制正向影响新冠疫苗科普信息搜寻意愿。

## 2.6 性别、年龄、学科门类与搜寻意愿的关系界定

先前研究发现，不同年龄、性别、学科门类的大学生群体在信息搜寻意愿方面也可能存在显著性差异。年龄方面，郑策等[50]研究发现，具体而言，大学生群体健康信息搜寻意愿和搜寻频次与年龄呈负相关，随着年龄增长而逐步减少。李旭光等[51]研究发现，年龄是大学生群体在微博平台搜寻网络健康信息的重要影响因素。性别方面，郑策等[50]研究发现，男性大学生网络健康信息搜寻意愿高于女性。龚芳敏等[52]研究指出，男大学生在新冠肺炎疫情期间的防疫信息搜寻意愿显著强于女性。也有研究指出，女性信息搜寻意愿显著强于男性。例如，徐雅慧等[53]研究发现，新冠肺炎疫情期间，女大学生网络健康信息搜寻意愿显著高于男性。宋小康等[54]研究发现，女性的网络健康信息替代搜寻意愿显著高于男性。简言之，现有研究表明男性和女性在信息搜寻意愿方面存在显著差异。学科门类方面，龚芳敏等[52]研究指出，不同性别与专业的大学生信息搜寻行为具有显著差异。李旭光等[55]研究发现，不同学科门类的大学生群体健康信息搜寻意愿和获取行为存在显著不同。基于此，本研究提

出如下研究假设:

H6a:不同年龄大学生的新冠疫苗科普信息搜寻意愿存在显著差异;

H6b:不同性别大学生的新冠疫苗科普信息搜寻意愿存在显著差异;

H6c:不同学科门类大学生的新冠疫苗科普信息搜寻意愿存在显著差异。

# 3 研究方法

## 3.1 问卷设计

正式调查问卷分为两部分:第一部分是性别、年龄、学科门类、学历层次等人口统计学变量;第二部分是调查公众新冠疫苗科普信息搜寻意愿的相关问题,均采用李克特5级量表(1=很不同意,5=很同意)进行测量。问卷具体测量项及来源见表1。

**表1 变量的可操作化定义及来源**

| 变量 | 测量项 | 来源 |
|---|---|---|
| 态度 | 对我而言,搜寻新冠疫苗科普信息是?<br>不明智的(1)~明智的(5)<br>坏的(1)~好的(5)<br>有用的(1)~无用的(5)<br>有益的(1)~无益的(5) | Kahlor(2010)[21] |
| 主观规范 | 我的家人希望我搜寻新冠疫苗科普信息<br>我的同学认为我应该搜寻新冠疫苗科普信息<br>对我很重要的人认为我应该搜寻新冠疫苗科普信息<br>其他人希望我搜寻新冠疫苗科普信息 | Huang(2020)[56] |
| 知觉行为控制 | 我知道在哪里可以找到新冠疫苗科普信息<br>我知道如何搜寻新冠疫苗科普信息<br>我能够方便地获取所需的新冠疫苗科普信息<br>我能够区分出新冠疫苗科普信息质量的好坏 | Barrett(2020)[57] |

续表

| 变量 | | 测量项 | 来源 |
|---|---|---|---|
| 风险感知 | 感知严重性 | 新冠疫苗一旦产生不良反应，后果将很严重<br>新冠疫苗一旦产生不良反应，将严重影响我的健康<br>新冠疫苗一旦产生不良反应，将给家庭带来负担 | Lundborg(2007)[37] |
| | 感知易感性 | 对我而言，接种新冠疫苗面临着很大的风险<br>如果现在接种新冠疫苗，我可能会感染新冠病毒<br>对我而言，接种疫苗后产生不良反应的可能性比较大 | |
| 恐惧 | | 新冠疫苗不良反应的消息令我感到恐惧 | Kahlor(2010)[21] |
| 搜寻意愿 | | 我计划搜寻新冠疫苗科普信息<br>我打算搜寻新冠疫苗科普信息<br>我将会搜寻新冠疫苗科普信息 | Hovick(2014)[22] |

## 3.2 研究样本及其获取

借鉴李月琳等[58]的研究，我们于2021年2月上旬对大学生群体进行预调查（N＝50）。根据调查结果以及受访者反馈，对问卷部分题目进行了修改调整。正式调查于2021年2月中旬开始，为期一周。Calder等[59]指出，研究样本应具有高度的同质化特征。使用大学生群体作为研究对象，能够最大程度规避人口统计学特征对研究结果的影响，对于研究和验证理论有效性具有重要作用。此外，大学生群体社交活跃、流动性大，是感染新冠肺炎的高风险人群，具有客观的疫苗接种需求，而当前该群体尚未开始大规模接种新冠疫苗。因此，研究该群体新冠疫苗科普信息搜寻意愿影响因素，具有理论和实践上的双重意义。

基于“问卷星”平台以滚雪球抽样方式对A大学学生群体进行在线问卷调查。为确保数据质量，采取IP登录限制、属性匹配、机器登录自动剔除等筛查方式，并由两名硕士研究生对数据格式、答题时长、作答内容等逐一进行人工筛查。最终，正式调研共计发放问卷500份，回收有效问卷429份，有效问卷回收率达85.8%，样本人口统计学特征见表2。

**表 2　样本人口统计学特征**

| 类型 | | 数量 | 比例(%) |
|---|---|---|---|
| 性别 | 男 | 179 | 41.72 |
| | 女 | 250 | 58.28 |
| 年龄 | 17 岁及以下 | 12 | 2.80 |
| | 18～20 岁 | 131 | 30.07 |
| | 21～23 岁 | 183 | 42.89 |
| | 24～26 岁 | 95 | 22.14 |
| | 27 岁及以上 | 8 | 2.10 |
| 学科门类 | 人文社科类 | 174 | 40.56 |
| | 理工科类 | 185 | 43.12 |
| | 医学类 | 70 | 16.32 |

# 4　研究方法与结果

## 4.1　测量模型

### 4.1.1　共同方法偏差检验

按照 Harman 单一因子检验法,利用 SPSS 26.0 软件对问卷数据进行未旋转的因子检验[60]。结果共提取了 5 个因子,解释了总变异量的 64.240%,其中第一个因子解释了 27.145%的方差,占因子总方差解释量的 42.269%,小于 50%的合格标准,表明本研究的共同方法偏差问题不严重,问卷数据良好。

### 4.1.2　模型收敛和区别效度检验

组成信度(CR)是所有测量变量信度的组合,代表测量维度指标的内部一致性,CR 值通常需大于 0.7。收敛效度通过平均方差萃取量(AVE)来测量,AVE 是计算潜变量对测量变量方差解释能力的平均,AVE 值越高表明测量维度的收敛效度都越高,通常需大于 0.5。测量题目的因子载荷量通常应大于 0.6,题目信度应大于 0.36[61]。本研究各测量维度及题目的因子载荷量均大于 0.6,题目信度均大于 0.36,CR 值均大于 0.7,AVE 值均大于 0.5,表明模型具有良好的收敛效度(表 3)。

**表 3　测量模型的收敛效度检验结果**

| 维度 | 题目 | 因子载荷量 | 题目信度(SMC) | 组成信度(CR) | 收敛效度(AVE) |
|---|---|---|---|---|---|
| 态度 | AT1 | 0.822 | 0.676 | 0.882 | 0.652 |
| | AT2 | 0.835 | 0.697 | | |
| | AT3 | 0.797 | 0.635 | | |
| | AT4 | 0.774 | 0.599 | | |
| 主观规范 | SN1 | 0.687 | 0.472 | 0.813 | 0.521 |
| | SN2 | 0.692 | 0.479 | | |
| | SN3 | 0.753 | 0.567 | | |
| | SN4 | 0.752 | 0.566 | | |
| 知觉行为控制 | PBC1 | 0.758 | 0.575 | 0.819 | 0.531 |
| | PBC2 | 0.688 | 0.473 | | |
| | PBC3 | 0.692 | 0.479 | | |
| | PBC4 | 0.773 | 0.598 | | |
| 感知严重性 | PS1 | 0.692 | 0.479 | 0.798 | 0.569 |
| | PS2 | 0.795 | 0.632 | | |
| | PS3 | 0.772 | 0.596 | | |
| 感知易感性 | PSU1 | 0.782 | 0.612 | 0.866 | 0.683 |
| | PSU2 | 0.862 | 0.743 | | |
| | PSU3 | 0.833 | 0.694 | | |
| 搜寻意愿 | IT1 | 0.728 | 0.530 | 0.793 | 0.560 |
| | IT2 | 0.762 | 0.581 | | |
| | IT3 | 0.755 | 0.570 | | |

AVE 开平方后的值均大于与其相邻的其他四个维度的关联值，表明模型具有良好的区别效度(表 4)。

**表 4　测量模型的区别效度检验结果**

| | 1 | 2 | 3 | 4 | 5 | 6 |
|---|---|---|---|---|---|---|
| 1.主观规范 | **0.722** | | | | | |
| 2.知觉行为控制 | 0.520 | **0.729** | | | | |
| 3.搜寻意愿 | 0.687 | 0.701 | **0.748** | | | |
| 4.感知严重性 | 0.230 | 0.323 | 0.435 | **0.754** | | |
| 5.感知易感性 | 0.712 | 0.712 | 0.661 | 0.356 | **0.826** | |
| 6.态度 | 0.602 | 0.462 | 0.915 | 0.365 | 0.764 | **0.807** |

注：表中对角线加粗部分为 AVE 开平方后的值。

### 4.1.3 模型拟合度检验

结构方程模型的拟合度由一系列指标构成。其中,chi-square/df 小于 3 表明模型拟合良好,小于 5 为可接受;GFI、AGFI、CFI、TLI 大于 0.9 为良好,大于 0.8 为可接受;RMSEA 小于 0.08 为良好[51]。如图 2 所示,模型总体拟合度良好,适合进行假设检验。

## 4.2 结构方程模型与研究假设检验

利用 AMOS 22.0 软件对模型进行最大似然估计法检验,结果见图 2 和表 5。首

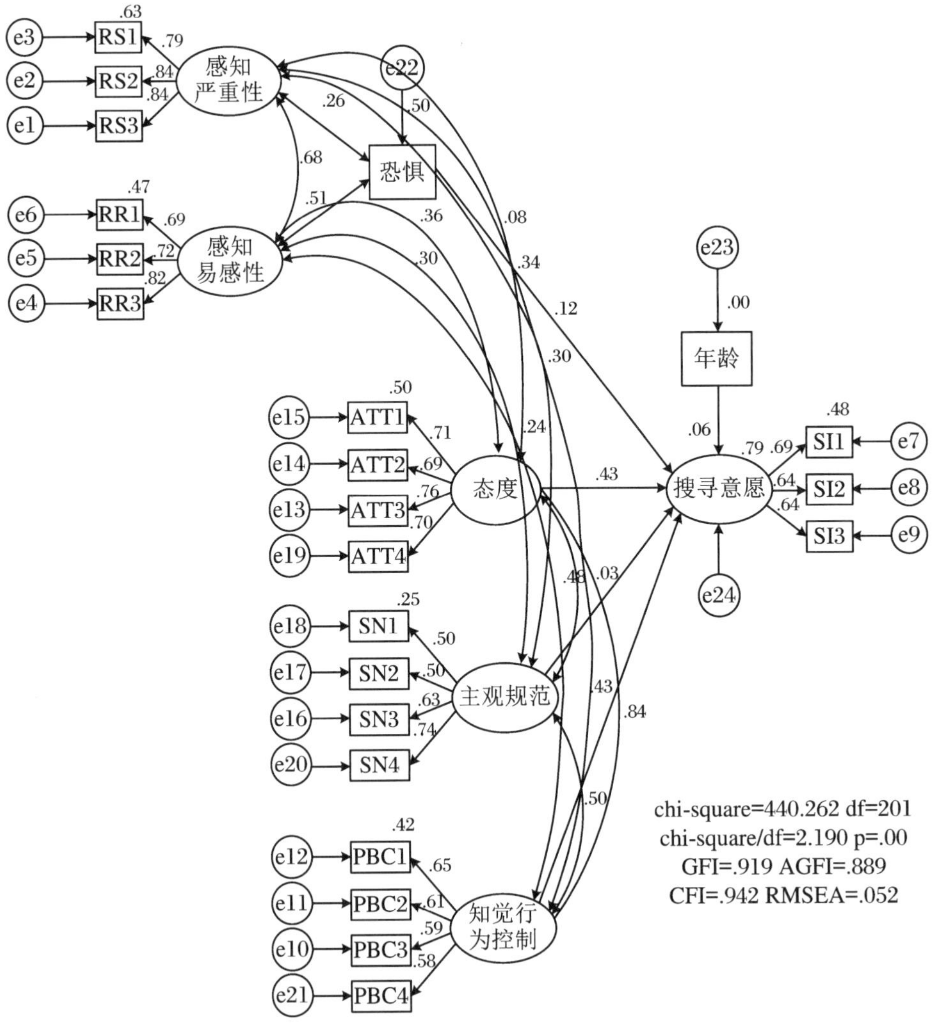


图 2 模型拟合度及标准化路径系数下的模型假设检验结果

先,在风险感知和恐惧维度中,感知严重性和感知易感性均显著正向影响恐惧,故 H1a 和 H1b 成立;其次,恐惧对搜寻意愿具有显著正向影响,故 H2 成立;再次,态度显著正向影响恐惧,故 H3 成立;最后,主观规范和知觉行为控制对搜寻意愿均具有显著正向影响,故 H4 和 H5 成立。此外,年龄对搜寻意愿具有显著的负向影响,故 H6b 成立。在直接影响搜寻意愿的 4 个变量中,态度的影响最大($\beta = -0.377$)。

**表 5　模型假设检验结果**

| 研究假设 | 路径系数 | S.E. | $t$ 值 | $P$ 值 |
|---|---|---|---|---|
| H1a:感知严重性→恐惧 | 0.297 | 0.069 | 4.294 | *** |
| H1b:感知易感性→恐惧 | 0.692 | 0.088 | 7.869 | *** |
| H2:恐惧→搜寻意愿 | 0.065 | 0.030 | 2.142 | 0.032 |
| H3:态度→搜寻意愿 | 0.377 | 0.115 | 3.266 | 0.001 |
| H4:主观规范→搜寻意愿 | 0.183 | 0.037 | 4.946 | *** |
| H5:知觉行为控制→搜寻意愿 | 0.203 | 0.068 | 2.992 | 0.011 |
| H6a:年龄→搜寻意愿 | −0.083 | 0.019 | −4.684 | *** |

注:*** 表示 $P<0.001$。

## 4.3　人口统计学特征回归检验

为了检验性别、学科门类等人口统计学特征对新冠疫苗科普信息搜寻意愿的影响,采用 SPSS 26.0 软件进行多元回归分析。首先,将各量表题型取均值作为变量;其次,以男性、人文社会科学类作为参考变量,对性别、学科门类中的其他变量进行哑变量处理;最后,分步代入多元回归中,检验各变量之间的相关关系,结果见表 6。

**表 6　人口统计学特征多元回归分析**

| | 模型 1 | | | | | |
|---|---|---|---|---|---|---|
| | 因变量:搜寻意愿 | | | | | |
| | $\beta$ 值 | $t$ 值 | $P$ 值 | $R^2$ | $\Delta R^2$ | $F$ 值（$P$ 值） |
| 知觉行为控制 | 0.660 | 15.935 | 0.000 | 0.370 | 0.369 | 253.917（0.000） |
| 主观规范 | 0.591 | 18.066 | 0.000 | 0.430 | 0.429 | 326.375（0.000） |

**续表**

| | 模型 1 | | | | | |
|---|---|---|---|---|---|---|
| | 因变量:搜寻意愿 | | | | | |
| | $\beta$ 值 | $t$ 值 | $P$ 值 | $R^2$ | $\Delta R^2$ | $F$ 值（$P$ 值） |
| 态度 | 0.464 | 9.906 | 0.000 | 0.185 | 0.183 | 98.125（0.000） |
| 感知严重性 | 0.222 | 6.056 | 0.000 | 0.078 | 0.076 | 36.673（0.000） |
| 感知易感性 | 0.157 | 5.345 | 0.000 | 0.062 | 0.060 | 28.573（0.000） |
| 恐惧 | 0.227 | 8.678 | 0.000 | 0.148 | 0.146 | 75.303（0.000） |
| 女性 | 0.099 | 2.470 | 0.039 | 0.021 | 0.019 | 10.514（0.000） |
| 年龄 | −0.133 | −3.525 | 0.000 | 0.028 | 0.026 | 12.427（0.000） |
| （常量） | 3.753 | 76.295 | 0.000 | | | |
| 人文社科类 | 0 | | | | | |
| 理工科类 | −0.068 | 3.120 | 0.002 | 0.052 | 0.047 | 11.715（0.000） |
| 医学类 | −0.087 | 3.849 | 0.000 | | | |

在控制了人口统计学特征之后，态度、主观规范、知觉行为控制、恐惧与搜寻意愿之间均呈显著正相关，路径关系显著性检验结果与结构方程模型检验结果一致。此外，女性相较男性具有更高的搜寻意愿，理工类、医学类学生相较人文社科类学生搜寻意愿更低。因此，H6b、H6c 均成立。

# 5 结论与讨论

## 5.1 结论

本研究厘清了新冠疫苗科普信息搜寻意愿的影响因素,尤其是证明了恐惧对新冠疫苗科普信息搜寻意愿的影响,以及感知严重性和感知易感性对恐惧的作用机制,主要研究结论如下:

(1) 感知严重性(H1a)和感知易感性(H1b)正向影响恐惧,恐惧(H2)正向影响新冠疫苗科普信息搜寻意愿。同时,感知严重性和感知易感性会加剧个体恐惧心理,恐惧心理则促使受访大学生产生新冠疫苗科普信息搜寻意愿。该发现与保护动机理论的原始理论假定及其最新发展均吻合。Rogers早在1975年提出保护动机理论初始版本时,就特别关注威胁因素(感知严重性、感知易感性)、恐惧因素对保护动机的影响。他认为,保护动机理论将恐惧诉求的关键因素汇集在一起,并与介导恐惧对行为或态度变化影响的认知变量有关。保护动机理论能够将小规模的理论联系到诱发恐惧的环境刺激、认知过程和动机之间的高阶模型中,这样一个全面而直观的框架解释了支撑保护性动机的复杂的认知过程,有助于对保护动机的心理基础达到更全面的解释[62]。Sutton[63]评价道,保护动机理论是文献中关于恐惧诉求对态度改变和随之而来的行为影响的矛盾结果的首次尝试。Tunner等[64]的研究进一步证实,用恐惧诉求操纵核心构架有助于发现传播类型、性别和其他潜在变量,可能会解释保护动机决定因素的效果大小的差异。1997年,Rogers[65]进一步提出了保护动机理论的认知中介过程,指出恐惧在感知严重性、感知易感性和保护动机之间起中介作用。但正如Boss等[66]学者所指出的,在许多学科领域的文献中被广泛应用的是保护动机理论的简化版本,忽视了对"感知严重性-感知易感性-恐惧-保护动机"路径的研究。风险感知强调个体主观感受带来的体验,风险感知程度越高,代表着个体认为遭受风险侵害的可能性和危害性越强,会导致个体安全感和不确定性降低,进而产生恐惧、焦虑等负面情绪。由于新冠疫苗涉及人身安全,大学生群体对新冠疫情的风险感知将影响其恐惧情绪。而恐惧感将进一步激发受访学生的保护动机,进而产生新冠疫苗科普信息搜寻意愿,以弥补信息缺失导致的心理不确定感。

(2) 女性相比男性对新冠疫苗负面信息具有更高的恐惧感,对于新冠疫苗科普信息的搜寻意愿更为强烈。这可能是由生理结构和认知差异造成的:一方面,女性在面临突发公共卫生事件和负面信息时,对情绪的感知能力更强,表现出更强烈的应激反应和共情能力,而男性则对负面情绪调节能力更强,恐惧情绪表达较少;另一方面,男女在认知风格上存在显著差异,男性在思想和感觉维度上占优势,而女性在感情和直觉维度占优势。女性更容易受到情绪的影响,恐惧情绪可能使女性对新冠疫苗科普信息更加关注,搜寻意愿更加强烈,这一点已在SARS、甲型H1N1、新冠疫情等的研究中得到印证[67]。理工科和医学类学生的搜寻意愿显著低于人文社科类学生。导致这一现象的可能原因在于:理工类、医学类学生具有较为深厚的自然科学和医学知识,对新冠疫苗的认知更为全面客观,不容易受到负面信息和虚假信息的影响,也能更为客观地看待此次疫苗接种工作,因此,对于新冠疫苗科普信息表现出更低的搜寻意愿,而人文社科类学生则与此相反,表现出更为积极的搜寻意愿[68]。此外,年龄与恐惧感和搜寻意愿之间均呈负相关关系,表明随着年龄的逐步增长,心智逐步成熟,大学生群体在面对新冠疫苗接种具有更为理性、平和的看法时,越不易受到恐惧情绪的影响。这一研究结果也进一步佐证了Yang等[25]学者的研究,即恐惧、焦虑等负面情绪与信息搜寻意愿高度相关,负面情绪越强烈,越容易激发起信息搜寻意愿,反之亦然。

## 5.2 讨论

基于上述研究发现,本文提出如下建议:

(1) 在开展新冠疫苗科普时,一方面,可适当采用恐惧诉求等方式提升民众新冠疫苗科普信息搜寻意愿,譬如,在科普内容的标题、封面、正文等部分,以醒目的方式标识出风险警告信息,以敲警钟的方式唤起、促进大学生群体的心理和行为改变,提升其点击、阅读、观看或转发新冠疫苗科普信息的意愿。另一方面,及时、科学、规范的应急科普议题设置能发挥议题导向作用,并为应对舆情提供必要的知识支撑,尤其能引导和规范受众的自主议题设置,避免各种谣言、伪科学误导公众舆论,有助于增强受众对科学真相的深度了解[69]。因此,新冠疫苗科普信息传播应坚持风险沟通导向,以传播科学知识、回应公众关切、缓解公众恐惧为首要目标,力求为公众提供明确、可信的信息,降低公众的风险不确定性感知,用科学击碎谣言,切断“信息疫情”的蔓延,促进互信、增进共识。医务工作者和科学共同体要积极参与新冠疫苗科普,及时发声,借助权威、专业的渠道,传递准确信息,普及科学知识[70-71]。科普主体应当树立起认同、参与和创新意识,利用好网络平台易于交互的特点,围绕公众需求,并以此为出发点筛选、传递科普内容,解答大学生群体的疑惑,更好地在交互过程中完成新冠疫苗科普信息的传播[72]。

(2) 要激发大学生积极的新冠疫苗科普信息搜寻态度,发挥亲人、同学等人际传播渠道在新冠疫苗科普中的作用,重视提升大学生群体的科学素养和健康信息素养。随着网络和社交媒体的飞速普及,通过社交媒体获取科普信息,成为网络用户实现自我健康教育、提升科普信息素养的重要途径。因此,开展新冠疫苗科普信息宣传教育需重视对人际传播渠道的激活与利用,激发大学生群体搜寻新冠疫苗科普信息的主观能动性,重视家庭支持在新冠疫苗科普信息传播中的作用,强化家庭成员的健康信息素养意识,促使大学生群体形成良好的新冠疫苗科普信息搜寻能力。

(3) 开展新冠疫苗科普应采取相应策略,对男性和人文社科类大学生开展精准科普,满足该群体的信息需求。同时,也要增强风险沟通意识和能力,充分发挥科学传播的风险沟通作用,缓解大学生群体尤其是女性和低龄大学生群体的恐惧情绪,帮助这些大学生在充分知情的情况下做出审慎判断和选择[73]。

本研究局限性在于仅通过问卷调查法对大学生群体进行研究,尽管证明了恐惧、主观规范、知觉行为控制对新冠疫苗科普信息搜寻意愿的影响,明确了风险感知对恐惧的影响,但研究结果是否适用于更广泛的群体还有待验证。未来研究应扩大样本范围,对影响新冠疫苗科普信息搜寻过程和搜寻结果的影响因素进行更广范围的研究,以提升研究结果的适用性和实效性。

# 参考文献

[1] 朱瑶,韦意娜,孙畅,等. 新型冠状病毒肺炎疫苗研究进展[J]. 预防医学,2021,33(2):143-148.

[2] 王宾,钟一维. 新冠病毒疫苗安全性和有效性的展望[J]. 中国科学基金,2020,34(5):581-587.

[3] Turner P J, Ansotegui I J, Campbell D E, et al. COVID-19 vaccine-associated anaphylaxis: a statement of the World Allergy Organization Anaphylaxis Committee[J]. World Allergy Organization Journal, 2021,14(2): 100517.

[4] Verger P, Scronias D, Dauby N, et al. Attitudes of healthcare workers towards COVID-19 vaccination: a survey in France and French-speaking parts of Belgium and Canada, 2020[J]. Eurosurveillance, 2021,26(3): 2002047.

[5] 李晶,敖纳,尹建华,等. 昆明市门诊患者新型冠状病毒疫苗接种意愿及影响因素分析[J]. 中国公共卫生,2021,37(3):411-414.

[6] 王志伟,李智,黄惠民,等. 广州市居民对新型冠状病毒疫苗的认知与接种意愿调查[J]. 现代预防医学,2021,48(4):732-737.

[7] 李月,薛云珍. 恐惧诉求在健康传播中的应用与展望[J]. 中国健康教育,2019,35(11):1033-1035.

[8] 黄河,王芳菲,邵立. 心智模型视角下风险认知差距的探寻与弥合:基于邻避项目风险沟通的实证研究[J]. 新闻与传播研究,2020,27(9):43-63.

[9] 刘红思，刘裕儒，沈丽宁．新冠肺炎疫情期间大学生网络健康信息搜寻行为影响因素[J]．中华医学图书情报杂志，2021,30(2)：65-74.

[10] 周培宇，梁昌勇，马一鸣．COVID-19 背景下基于 IMB 模型的中老年人在线健康信息搜寻行为影响机制研究[J]．中国管理科学，2022,30(3)：76-84.

[11] 湖北日报评论员．让科普之“翼”更加有力[N]．湖北日报，2021-04-01.

[12] Ajzen I. The theory of planned behavior[J]. Organizational Behavior and Human Decision Processes, 1991,50(2): 179-211.

[13] Marton C, Choo C W. A review of theoretical models of health information seeking on the web[J]. Journal of Documentation, 2012,68(3): 330-352.

[14] Shamlou Z, Saberi M K, Amiri M R. Application of theory of planned behavior in identifying factors affecting online health information seeking intention and behavior of women[J]. Aslib Journal of Information Management, 2022,74(4): 727-744.

[15] 闫岩．计划行为理论的产生、发展和评述[J]．国际新闻界，2014,36(7)：113-129.

[16] 王晨阳，张宇，陈登航．理性与道德的双重驱动:“双碳”目标下公众低碳减排行为影响因素研究[J]．大连海事大学学报(社会科学版)，2022,21(3)：66-73.

[17] Armitage C J, Conner M, Norman P. Differential effects of mood on information processing: evidence from the theories of reasoned action and planned behaviour [J]. European Journal of Social Psychology, 1999,29(4): 419-433.

[18] Kahlor L A. An augmented risk information seeking model: the case of global warming[J]. Media Psychology, 2007,10(3): 414-435.

[19] Hmielowski J D, Donawa Y R, Wang M Y. Environmental iisk information seeking: the differential roles of anxiety and hopelessness[J]. Environmental Communication, 2019,13(7): 894-908.

[20] Griffin R J, Dunwoody S, Neuwirth K. Proposed model of the relationship of risk information seeking and processing to the development of preventive behaviors[J]. Environmental Research, 1999,80(2): S230-S245.

[21] Kahlor L. PRISM: a planned risk information seeking model[J]. Health communication, 2010,25(4): 345-356.

[22] Hovick S R, Kahlor L, Liang M. Personal cancer knowledge and information seeking through PRISM: the planned risk information seeking model[J]. Journal of Health Communication, 2014,19(4): 511-527.

[23] Ahn J, Kim H K, Kahlor L A, et al. The impact of emotion and government trust on individuals' risk information seeking and avoidance during the COVID-19 pandemic: a cross-country comparison[J]. Journal of Health Communication, 2021,

26(10)：728-741.
[24] 王浩成，汪淑云，车俊铁. 国外基于情感角度的信息搜寻行为研究进展[J]. 情报科学，2018,36(2)：165-170.
[25] Yang Z J, Kahlor L. What, me worry? the role of affect in information seeking and avoidance[J]. Science Communication, 2012,35(2)：189-212.
[26] Baumann E, Czerwinski F, Reifegerste D. Gender-specific determinants and patterns of online health information seeking: results from a representative german health survey[J]. Journal of Medical Internet Research, 2017,19(4)：e92.
[27] O'farrell M, Bates J. Student information behaviours during group projects: a study of LIS students in University College Dublin[M]. Ireland: Emerald Group Publishing Limited, 2009.
[28] George C, Brught A, Hurlbert T, et al. Scholarly use of information: graduate students' information seeking behaviour[J]. Information Research, 2006, 11(4)：272.
[29] Chertok I R A. Perceived risk of infection and smoking behavior change during COVID-19 in Ohio[J]. Public Health Nursing, 2020,37(6)：854-862.
[30] Rather R A. Demystifying the effects of perceived risk and fear on customer engagement, co-creation and revisit intention during COVID-19: a protection motivation theory approach[J]. Journal of Destination Marketing & Management, 2021,20：100564.
[31] 王悦，杨媛媛，李少闻，等. 大学生对新型冠状病毒肺炎的恐惧情绪反应调查[J]. 预防医学，2020,32(5)：446-448.
[32] Li J, Yang A, Dou K, et al. Self-control moderates the association between perceived severity of coronavirus disease 2019 (COVID-19) and mental health problems among the Chinese public[J]. International Journal of Environmental Research and Public Health, 2020,17(13)：4820.
[33] Armfield J M. Cognitive vulnerability: a model of the etiology of fear[J]. Clinical Psychology Review, 2006,26(6)：746-768.
[34] Slovic P. Risk perception and risk analysis in a hyperpartisan and virtuously violent world[J]. Risk Analysis, 2020,40(S1)：2231-2239.
[35] Witte K, Allen M. A meta-analysis of fear appeals: implications for effective public health campaigns[J]. Health Education & Behavior, 2000,27(5)：591-615.
[36] 张冰，王垒，朱婷，等. 虚拟现实诱发恐惧情绪对风险决策的影响[J]. 职业与健康，2019,35(9)：1201-1203.
[37] Lundborg P. Smoking, information sources, and risk perceptions: new results on

Swedish data[J]. Journal of Risk and Uncertainty, 2007,34(3): 217-240.

[38] Rydell R J, Mcconnell A R, Mackie D M. Consequences of discrepant explicit and implicit attitudes: cognitive dissonance and increased information processing [J]. Journal of Experimental Social Psychology, 2008,44(6): 1526-1532.

[39] 顾东晓, 索菲亚·莎诺娃, 杨雪洁, 等. 在线健康社区中的信息持续搜索研究[J]. 情报科学, 2020,38(11): 92-97.

[40] 聂静虹, 金恒江. 病患就医意愿和健康意向的影响因素研究:基于计划行为理论(TPB)模型的构建[J]. 新闻大学, 2017(5): 86-94.

[41] 瞿先国, 王晓迪, 胡俊江, 等. 基于计划行为理论的居民健康自我管理行为影响因素探析[J]. 健康研究, 2016,36(5): 506-509.

[42] 王静雅, 施宏燕, 黄蕊, 等. 基于扩展计划行为理论的低年级小学生口腔健康行为意向影响因素研究[J]. 环境与职业医学, 2021,38(8): 839-846.

[43] Ahn J, Kahlor L A. No regrets when it comes to your health: anticipated regret, subjective norms, information insufficiency and intent to seek health information from multiple sources[J]. Health Communication, 2020,35(10): 1295-1302.

[44] Lu H, Appc A G, Winneg K, et al. Intentions to seek information about the influenza vaccine: the role of informational subjective norms, anticipated and experienced affect, and information insufficiency among vaccinated and unvaccinated people[J]. Risk Analysis, 2020,40(10): 2040-2056.

[45] 王馨悦, 刘畅. 重大突发公共卫生事件中公众信息搜寻行为影响因素探究[J]. 图书情报工作, 2020,64(21): 77-89.

[46] Banerjee S, Ho S S. Applying the theory of planned behavior: examining how communication, attitudes, social norms, and perceived behavioral control relate to healthy lifestyle intention in Singapore[J]. International Journal of Healthcare Management, 2020,13(sup1): 496-503.

[47] Willoughby J F, Myrick J G. Does context matter? examining PRISM as a guiding framework for context-specific health risk information seeking among young adults[J]. Journal of Health Communication, 2016,21(6): 696-704.

[48] 阮文佳, 虞虎, 宋学俊. 基于扩展计划行为理论的国际游客在雾霾威胁下的行为意向研究:以北京国际游客为例[J]. 干旱区资源与环境, 2019,33(7): 195-201.

[49] 陆欢, 戢晓峰, 阮鸿柱. 面向智能手机的驾驶员交通信息搜寻-决策行为分析[J]. 交通信息与安全, 2019,37(1): 58-64.

[50] 郑策, 付少雄, 孔军. 大学生体质健康对网络健康信息搜寻的影响分析:以武汉大学本科生为例[J]. 信息资源管理学报, 2017,7(3): 81-87.

[51] 李旭光, 徐耀, 尚婷. 基于微博平台的大学生健康信息获取行为影响因素模型构建

[J]. 情报探索，2020(8)：11-23.
[52] 龚芳敏，龚逐流，周丽. 新冠肺炎疫情中大学生信息搜寻及其对防疫行为的影响：基于健康信念的中介效应[J]. 文化与传播，2021,10(5)：28-36.
[53] 徐雅慧，唐明珺，邱慧玲，等. 新型冠状病毒肺炎疫情期大学生网络健康信息搜寻行为调查分析[J]. 广东医学，2020,41(22)：2269-2274.
[54] 宋小康，赵宇翔，宋士杰，等. 互联网环境下我国健康信息替代搜寻者特征及其行为模式研究[J]. 图书情报工作，2020,64(22)：107-117.
[55] 李旭光，姜富强，周力虹，等. 信息生态视角下高校学生网络健康信息搜寻行为影响因素及互动关系研究[J]. 信息资源管理学报，2021,11(2)：85-96.
[56] Huang J, Ells K. Risk here vs. risk there: intention to seek information about gulf coastal erosion[J]. Environmental Communication, 2021,15(3): 386-400.
[57] Barrett T, Feng Y. Evaluation of food safety curriculum effectiveness: a longitudinal study of high-school-aged youths' knowledge retention, risk-perception, and perceived behavioral control[J]. Food Control, 2021,121: 107587.
[58] 李月琳，张建伟，包虹虹. 突发公共卫生事件情境下大学生的信息需求及满足程度[J]. 图书情报工作，2020,64(22)：85-95.
[59] Calder B J, Phillips L W, Tybout A M. Designing research for application[J]. Journal of Consumer Research, 1981,8(2): 197-207.
[60] Aguirre-urreta M I, HU J. Detecting common method bias: performance of the Harman's single-factor test[J]. ACM SIGMIS Database: the DATABASE for Advances in Information Systems, 2019,50(2): 45-70.
[61] Farah M F, Hasni M J S, Abbas A K. Mobile-banking adoption: empirical evidence from the banking sector in Pakistan[J]. International Journal of Bank Marketing, 2018.
[62] Rogers R W. Protection motivation theory of fear appeals and attitude-change [J]. Journal of Psychology, 1975,91(1): 93-114.
[63] Sutton S R. Fear-arousing communications: a critical examination of theory and research[J]. Social Psychology and Behavioral Medicine, 1982: 303-337.
[64] Tunner J R J F, Day E, Crask M R. Protection motivation theory: an extension of fear appeals theory in communication[J]. Journal of Business Research, 1989, 19(4): 267-276.
[65] Rogers R W, Prentice-dunn S. Protection motivation theory[M]//Gochman D S. Handbook of health behavior research 1: Personal and social determinants. New York, NY: Springer, 1997.
[66] Boss S R, Galletta D F, Lowry P B, et al. What do systems users have to fear?

Using fear appeals to engender threats and fear that motivate protective security behaviors[J]. MIS Quarterly, 2015,39(4): 837-864.
[67] 范志光，袁群明，崔宁，等. 新冠肺炎疫情下大学生焦虑和公正世界信念关系的追踪研究[J]. 中国临床心理学杂志，2021,29(3)：582-586.
[68] 李殿江，王琴，尉力文，等. 新型冠状病毒肺炎疫情期间大学生心理健康及应对方式调查研究[J]. 现代预防医学，2021,48(8)：1430-1434.
[69] 褚建勋，李佳柔，马晋. 基于云合数据的新冠肺炎疫情应急科普大数据分析[J]. 科普研究，2020,15(2)：35-42.
[70] 高宏斌，曹金. 科学抗疫、科普防疫：新冠肺炎疫情期间专家言论概述[J]. 科普研究，2020,15(2)：2.
[71] 张宇，王晨阳，王璐. 新型冠状病毒肺炎疫情下公众风险信息搜寻与加工行为研究[J]. 医学与社会，2020,33(12)：64-69.
[72] 赵天宇，李佳柔，谢栋. 微博应急科普的现实图景与优化策略：基于新冠肺炎疫情的实证研究[J]. 科普研究，2020,15(2)：27-34.
[73] 徐建华，薛澜. 风险沟通与科学传播[J]. 科普研究，2020,15(2)：5-12.

# Exploring the Influencing Factors on College Students' COVID-19 Vaccine Science Popularization Information Seeking Intention: A Case Study of A University

CHU Jianxun[1),2),3)], WANG Chenyang[1),2),3)]

1) School of Humanities and Social Sciences,
University of Science and Technology of China, Hefei 230051;
2) Institute for Computational Social Sciences and Media Studies,
University of Science and Technology of China, Hefei 230051;
3) Science Communication Research Center,
Chinese Academy of Science, Hefei 230026

**Abstract** Exploring the effect of influencing factors on college students' COVID-19 science popularization information seeking intention will help to carry out COVID-19 science popularization work. Currently, there is a lack of research on the role of fear in information seeking behavior. Questionnaire survey and structural equation model were used for analysis the factors influencing the intention to seeking for information about the COVID-19 vaccine in the college student group. Results have shown that perceived severity and perceived susceptibility significantly positively affect fear psychology; Fear, attitude, subjective norms, and perceived behavior control significantly positively affect the desire to search for COVID-19 vaccine health information; Facing the negative information of COVID-19 vaccine, Women are more fearful than men, age is significantly and negatively associated with fear and information seeking intention. Female and Humanities and social sciences students have stronger willingness to seeking for COVID-19 popular science information. First, the dissemination of COVID-19 vaccine science popularization information should be the primary goal of disseminating scientific knowledge, responding to public concerns, and alleviating public fears, and cut off the spread of the "infodemic". Second, public health institutions can appropriately adopt fear appeals and focus on the role of interpersonal transmission to enhance college students' intention to seek COVID-19 vaccine science popularization information. Third, we should enhance men's willingness to seeking for science popularization information, alleviate women's fear, and carry out accurate science popularization for men and Humanities and Social Sciences College students.

**Key words** information seeking; COVID-19 vaccine; risk perception; risk communication

## 作者简介

褚建勋,男,安徽庐江人,教授,博士生导师,主要研究方向为科学传播、危机传播。

王晨阳,男,河南洛阳人,通信作者,博士研究生,主要研究方向为科学传播、危机传播,E-mail:wcy025@mail.ustc.edu.cn。

## 基金项目

中国科协2022年度研究生科普能力提升项目"伦理风险型技术的科普解读与社会感知研究:以人工智能医疗技术为例"(项目编号:KXYJS2022070);共青团中央2020年青少年发展研究重点课题(协同研究项目)"风险传播视域下重大公共突发事件中的青少年心理与行为分析"(项目编号:20ZD019);合肥市2022年度哲学社会科学规划项目"合肥市加强科学普及增强市民科学素养对策研究"(项目编号:HFSKQN202240)。

# 近40年中美电影中科学家形象塑造：基于人格特质理论的比较

黄　雯　朱子月

中国科学技术大学人文与社会科学学院，合肥　230026

**摘　要**　对近40多年来中美两国电影中的科学家形象展开调研，基于人格特质理论并利用SPSS数据软件对电影中的科学家角色进行了定性与定量的分析，归纳出中美电影中科学家角色在人物设定层面多维度的呈现差异，探讨比较中美电影在科学家形象塑造的理念与方法上各自的优劣之处，并对我国电影在科学家形象塑造方面提出建议：性格特质多元化；性别比例平衡化；学科领域细分化；电影类型拓展化。期待未来的中国电影能够更加合理地运用多种元素与风格，努力塑造出更多样、更立体、更丰满的科学家形象。

**关键词**　科学家形象；中美电影；人格特质理论；比较研究

## 1　引　　言

“科学家形象”是指科学家在科学活动中所展示出的角色特征，它连接着公众、科学共同体、政府三方，是科学传播中相当重要的议题。美国国家科学基金会认为，“科学家形象”不仅直接影响科学技术界与公众间沟通交流的效率，而且会对儿童和青年的职业期望产生重要影响[1]。

普通公众对科学家形象的认识来自于直接或间接的体验。直接体验主要来自公众与科学家群体进行直接沟通和交流的经历，间接体验则来自于教育（包括家庭教育和公共教育）、传播媒介（广播、电影、电视、报纸、网络等）及其他渠道获得的印象。对于大部分普通公众来说，间接体验所形成的科学家形象要远多于直接的接触。而在各类传播媒介中，电影有比其他媒体更感性、更持久的生命力和影响力，在建构公众心中的科学家形象方面起到了非常重要的作用。

国外的研究者在20世纪70年代就已开始了对电影和电视节目中的科学家形象的研究。Weingart等[2]在《科幻电影中的科学和科学家》中以222部电影为分析对象,对科幻电影中的科学家形象进行了较为系统的梳理与分析。国内对于影视中的科学家形象研究数量非常少且较为分散。学者王坎、詹琰[3]对电视商业广告中的科学家形象进行了研究;吴鑫丰[4]对国产影视作品中的科学家形象的塑造及其缺憾进行了分析。

上述情况表明,目前国内缺乏对我国电影中的科学家形象进行具有历时性与比较性质的深度调研。本次研究以1978年为出发点(考虑到我国改革开放后的电影产业发生了巨大变化),收集整理了1978年至2019年间中美电影中科学家角色共计283位,将从数据上更清晰、准确地描绘出近这一时期中美电影中科学家角色的形象特征。同时,引入人格特质理论中的"大五"因素模型来分析并统计具有代表性的科学家角色的性格特质,能够进一步揭示出中美电影在科学家形象塑造的理念与方法上的异同,为今后中国电影中的科学家形象塑造提供有益的参考和借鉴。

# 2 研究方法

## 2.1 科学家角色数据库

本次研究利用SPSS数据软件建立了自1978年至2019年间含有科学家角色的电影数据库。由于电影是在现实基础上对人物角色进行特定加工的一种艺术,本次研究所筛选出的科学家形象定义为在一部影片中人物设定为"科学家"或在影片中主要从事的是科学研究工作的角色。具体操作步骤如下:① 影片筛选。在百度、豆瓣等平台对海量影片的信息简介、具体内容进行筛查,收集整理出符合研究要求的含科学家角色的中美影片共计192部(其中,美国电影153部,中国电影39部);② 指标录入。数据库的录入指标为入选影片的片名、国别、年代、类型、豆瓣评分及片源,以及影片中所有科学家角色的姓名、出现时长、性别、年龄、种族、有无原型、科学领域、正邪属性等14项。建立电影中的科学家角色数据库可便捷、快速地对科学家角色的部分形象特征进行统计与对比,并可以通过多维度交叉分析等方式挖掘出数据背后的线索与规律,对科学家形象特征进行定量研究。

## 2.2 人格特质理论

人格特质理论中的"大五"因素模型是经过几代心理学家的不懈努力而完善的,

是目前研究人格特质的最佳范式,目前已广泛应用于临床诊断、心理测评等方面[5]。近年来,有部分学者将人格特质理论中的"大五"因素模型引入影视、游戏等角色的性格分析当中,是一种较为新颖的、量化的角色性格特征解析方法。人格"大五"因素分别是:外倾性、随和性、尽责性、神经质和开放性[6]。"大五"因素模型有两种研究范式,词汇研究和问卷研究,本文采用词汇研究[7]。运用人格特质理论来分析科学家角色的性格特征,是在统一的维度上对科学家角色形象中的性格特征部分进行提炼和对照,是将定性分析的内容定量化,以便进一步明晰中美电影对科学家角色性格特征的塑造倾向。本研究将对各个入选的科学家角色的性格特质进行多因素分析,用以确定其基于世俗概念的人格维度。"大五"因素模型的分析框架如表 1 所示。

**表 1 "大五"因素模型的分析框架**

| | | |
|---|---|---|
| 外倾性 | 热情、乐趣、自我肯定、活跃、刺激寻求、正情绪 | 数据说明:每项 6 个指标,符合记 +1,不符合记 −1,差值所得即为该指标的属性。如:若"外倾性"六项指标正多于负为"高外倾性",反之为"低外倾性"。 |
| 随和性 | 信任、坦诚、利他、顺从、谦虚、温存 | |
| 尽责性 | 胜任感、条理性、责任心、事业心、自律、审慎 | |
| 神经质 | 焦虑、愤怒性敌态、抑郁、自我、冲动、脆弱 | |
| 开放性 | 幻想、审美、情感、行动、观念、价值 | |

# 3 近 40 年科学家角色形象呈现

## 3.1 男性科学家角色远多于女性

在科学家角色性别比例上,美国电影中共计 222 位科学家角色,男性科学家角色 166 位,占比 74.8%,女性科学家角色 56 位,占比 25.2%;中国电影中共计 61 位科学家角色,男性科学家角色 50 位,占比 82%,女性科学家角色 11 位,占比 18%。对比情况如图 1 所示。

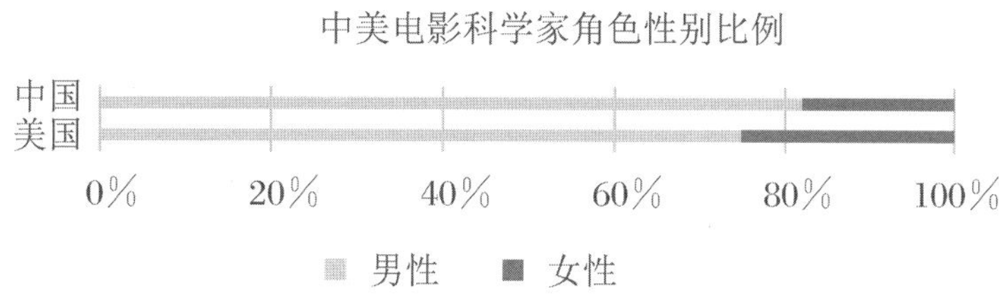


**图1　中美电影科学家角色性别比例对比**

## 3.2　中青年科学家角色较多

在科学家角色的年龄分布上,美国科学家角色的年龄分布最多的为30到39岁,占比40.1%;中国科学家角色的年龄分布最多的为20到39岁,合计占比达57.4%。具体情况如图2所示。

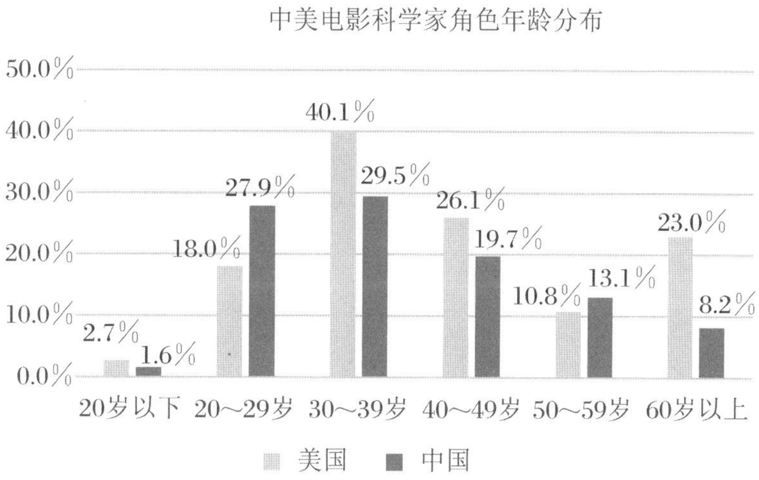


**图2　中美电影科学家角色年龄分布对比**

## 3.3　正面科学家形象远多于负面

在科学家角色的正邪属性方面,美国科学家角色共有175位正面形象,占比78.8%,负面形象47位,占比21.2%;中国科学家角色共有52位正面形象,占比85.2%,负面形象9位,占比14.8%。对比情况如图3所示。

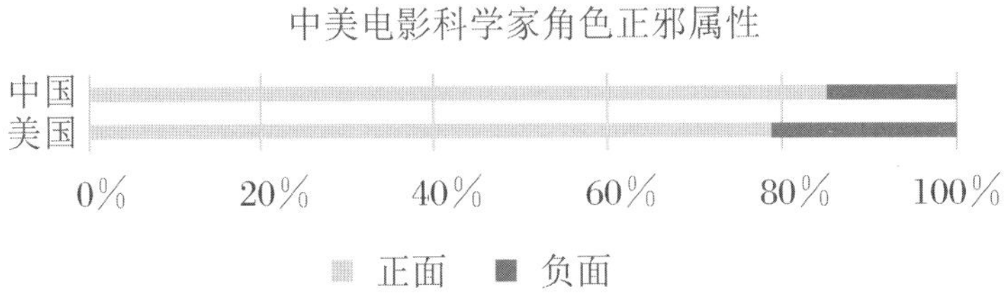


**图 3 中美电影科学家角色正邪属性对比**

## 3.4 性格特质

### 3.4.1 中国电影:高尽责性高开放性的"大科学家"

用人格特质理论的"大五"因素模型对科学家角色进行性格特质的分析,首先要筛选出可以进行此分析的角色。这些角色多为主角,或者是在影片中有充分的画面、情节来展现其性格特点的形象。根据统计,能够展现出两个维度特质倾向的角色居多,换言之,有两个维度的特质描述已能够较为全面地概括出该角色的人格特质。除去豆瓣评分极低、有科学家身份设定但在影片中非重点呈现元素等无分析价值的影片,中国电影中科学家角色可进行性格特质分析的共计 16 位。这 16 位科学家角色共呈现出 8 种不同的性格特质组合,统计结果如表 2 所示。

**表 2 中国电影科学家角色性格特质频数统计**

| 性格特质 | 出现频次 |
|---|---|
| 高尽责性高开放性 | 6 |
| 高开放性高外倾性 | 3 |
| 高开放性高随和性 | 2 |
| 高开放性低尽责性、高随和性低神经质、高神经质低随和性、高尽责性高外倾性、低尽责性低外倾性 | 1 |

"高尽责性高开放性"为出现频次最多的组合,有 6 位科学家角色,分别是:《珊瑚岛上的死光》中的陈天虹、《横空出世》中的陆光达、《大爱如天》中的林巧稚、《袁隆平》中的袁隆平、《邓稼先》中的邓稼先,《我是医生》中的吴孟超,详细信息见表 3。《钱学森》中的钱学森虽然更鲜明地表现为"高开放性高外倾性",但也呈现出了"高尽责性"。因此,可以说这五部以中国著名科学家为原型的传记电影,其形象近乎一致地呈现为"高尽责性高开放性"。

**表3　中国电影高尽责性高开放性科学家角色汇总**

| 姓名 | 性别 | 科学领域 | 电影名称（年份） | 影片类型 |
|---|---|---|---|---|
| 陈天虹 | 男 | 物理学 | 珊瑚岛上的死光（1980） | 科幻 |
| 陆光达 | 男 | 核物理 | 横空出世（1999） | 剧情 |
| 林巧稚 | 女 | 医学 | 大爱如天（2007） | 传记 |
| 袁隆平 | 男 | 生物学 | 袁隆平（2009） | 传记 |
| 邓稼先 | 男 | 核物理 | 邓稼先（2009） | 传记 |
| 吴孟超 | 男 | 医学 | 我是医生（2017） | 传记 |

其次是“高开放性高外倾性”的性格特质，科学家角色有《百变星君》中的姜司教授，电影《钱学森》中的钱学森和《流浪地球》中的李一一，详细信息见表4。其中，《百变星君》中的姜司教授的形象塑造有着对美国电影《回到未来》中的布朗博士明显的模仿痕迹，如蓬乱灰白的头发和夸张的肢体语言等。这是由于布朗博士的形象深受观众喜爱，对国内外后续影视中科学家角色的塑造方式都影响深远。

**表4　中国电影高开放性高外倾性科学家角色汇总**

| 姓名 | 性别 | 科学领域 | 电影名称（年份） | 影片类型 |
|---|---|---|---|---|
| 姜司 | 男 | 物理学 | 百变星君（1995） | 喜剧 |
| 钱学森 | 男 | 核物理 | 钱学森（2012） | 传记 |
| 李一一 | 男 | 计算机 | 流浪地球（2019） | 科幻 |

排在第三的性格特质是“高开放性高随和性”，科学家角色为两名女性，《幻影特攻》中的小蓝和《横空出世》中的王茹慧，详细信息见表5。值得注意的是，比起对女性科学家角色在学术水平或者科研能力方面的展现，影片更多呈现的是她们作为男性科学家角色的亲密恋人温柔美丽的一面。

**表 5　中国电影高开放性高随和性科学家角色汇总**

| 姓名 | 性别 | 科学领域 | 电影名称(年份) | 影片类型 |
| --- | --- | --- | --- | --- |
| 小蓝 | 女 | 计算机 | 幻影特攻(1998) | 科幻 |
| 王茹慧 | 女 | 核物理 | 横空出世(1999) | 剧情 |

结合上述中国电影中科学家角色在性别、年龄和正邪属性等维度的数据,中国电影中的大部分科学家形象可总结为:年龄 20～39 岁,男性,责任心强、事业心重、坚毅勇敢的正面形象。其中,多部改编自我国科学家原型的传记电影,均塑造了高尽责性高开放性的"大科学家"形象。

### 3.4.2　美国电影:高开放性低外倾性的"科技怪咖"

美国电影科学家角色共计 222 位,可进行性格特质分析的有 55 位,统计得出的性格特质组合共计 18 种,统计情况如表 6 所示。

**表 6　美国电影科学家角色性格特质频数统计**

| 性格特质 | 出现频次 |
| --- | --- |
| 高开放性低外倾性 | 9 |
| 高开放性高外倾性 | 8 |
| 高尽责性高开放性 | 6 |
| 高开放性低随和性 | 5 |
| 高神经质低尽责性、高神经质低随和性 | 4 |
| 高尽责性低神经质、高开放性高神经质 | 3 |
| 高随和性高开放性、高开放性低尽责性、高尽责性高随和性 | 2 |
| 低开放性低外倾性、高尽责性低随和性、高尽责性高外倾性、高随和性高神经质、高外倾性低神经质、高随和性低神经质、高开放性低神经质 | 1 |

"高开放性低外倾性"为出现频次最多的组合,有 9 位科学家角色,分别是《冲向天外天》中的宾克蓝道、《肥佬教授》中的金斯教授、《乌龙博士》中的菲利普、《时间机器》中的亚历山大、《太阳浩劫》中的卡帕、《巨石阵灾劫》中的雅各博士、《I 型起源》中的伊恩·格雷、《明日世界》中的弗兰克·沃克、《变身特工》中的沃尔特,详细信息见

表7。此类科学家角色通常都有着聪慧的大脑和丰富的想象力,但同时与社会中的其他人相处困难,是个"科技怪咖"。比如在喜剧电影《肥佬教授》和《乌龙博士》中,两位科学家角色都被塑造成了内心自卑、不善交际的大学教授,而他们的科学发明则会帮助他们改善境况最终获得幸福。

**表7 美国电影高开放性低外倾性科学家角色汇总**

| 姓名 | 性别 | 科学领域 | 电影名称(年份) | 影片类型 |
|---|---|---|---|---|
| 宾克蓝道<br>Ben Crandall | 男 | 物理学 | 冲向天外天<br>Explorers<br>(1985) | 科幻 |
| 金斯教授<br>ShermanKlump | 男 | 生物学 | 肥佬教授<br>The Nutty Professor<br>(1996) | 喜剧 |
| 菲利普博士<br>Professor Philip | 男 | 物理学 | 乌龙博士<br>Flubber<br>(1997) | 喜剧 |
| 亚历山大<br>Alexander | 男 | 物理学 | 时间机器<br>The Time Machine<br>(2002) | 科幻 |
| 卡帕<br>Capa | 男 | 物理学 | 太阳浩劫<br>Sunshine<br>(2007) | 科幻 |
| 雅格博士<br>Jacob | 男 | 物理学 | 巨石阵灾劫<br>Stonehenge Apocalypse<br>(2010) | 科幻 |
| 伊恩·格雷<br>Ian | 男 | 生物学 | I型起源<br>I Origins<br>(2014) | 科幻 |
| 弗兰克·沃克<br>Frank Walker | 男 | 物理学 | 明日世界<br>Tomorrowland<br>(2015) | 科幻 |
| 沃尔特<br>Walter | 男 | 发明家 | 变身特工<br>Spies in Disguise<br>(2019) | 动画 |

其次是“高开放性高外倾性”的性格特质,有8位科学家角色,分别是《回到未来》中的布朗博士、《侏罗纪公园》中的格兰特和马尔科姆、《超时空接触》中的艾莉·爱罗维、《火星任务》中的吉姆·麦康奈尔、《入侵脑细胞》中的凯瑟琳·迪恩、《地形历险记》中的特雷弗、《降临》中的路易斯,详细信息见表8。

**表8　美国电影高开放性高外倾性科学家角色汇总**

| 姓名 | 性别 | 科学领域 | 电影名称(年份) | 影片类型 |
| --- | --- | --- | --- | --- |
| 布朗博士<br>Dr. Emmett Brown | 男 | 物理学 | 回到未来<br>Back to the Future<br>(1985) | 科幻 |
| 格兰特<br>Grant | 男 | 考古学 | 侏罗纪公园<br>Jurassic Park<br>(1993) | 科幻 |
| 马尔科姆<br>Malcolm | 男 | 数学学 | 侏罗纪公园<br>Jurassic Park<br>(1993) | 科幻 |
| 艾莉·爱罗维<br>EllieArroway | 女 | 天文学 | 超时空接触<br>Contact<br>(1997) | 科幻 |
| 吉姆·麦康奈尔<br>Jim McConnell | 男 | 物理学 | 火星任务<br>Mission to Mars<br>(2000) | 科幻 |
| 凯瑟琳·迪恩<br>Catherine Deane | 女 | 生物学 | 入侵脑细胞<br>The Cell<br>(2000) | 科幻 |
| 特雷弗<br>Trevor | 男 | 生物学 | 地心历险记<br>Journey to theCenter of the Earth<br>(2008) | 科幻 |
| 路易斯<br>Louise Banks | 女 | 语言学 | 降临<br>Arrival<br>(2016) | 科幻 |

排在第三的性格特质是“高尽责性高开放性”,有6位科学家角色,分别是《冲向天外天》中的伍夫甘格、《深渊》中的琳西、《神秘代码》中的约翰、《嗜血破晓》中的爱

德华·道尔顿、《地心引力》中的瑞安·斯通、《火星救援》中的马克·沃特尼,详细信息见表 9。

**表 9 美国电影高尽责性高开放性科学家角色汇总**

| 姓名 | 性别 | 科学领域 | 电影名称(年份) | 影片类型 |
|---|---|---|---|---|
| 伍夫甘格<br>Wolfgang Müller | 男 | 物理学 | 冲向天外天<br>Explorers<br>(1985) | 科幻 |
| 琳西<br>Lindsey | 女 | 物理学 | 深渊<br>The Abyss<br>(1989) | 科幻 |
| 约翰<br>John Koestler | 男 | 物理学 | 神秘代码<br>Knowing<br>(2009) | 科幻 |
| 爱德华·道尔顿<br>Edward Dalton | 男 | 生物学 | 嗜血破晓<br>Daybreakers<br>(2010) | 科幻 |
| 瑞安·斯通<br>Ryan Stone | 女 | 物理学 | 地心引力<br>Gravity<br>(2013) | 科幻 |
| 马克·沃特尼<br>Mark Watney | 男 | 植物学 | 火星救援<br>The Martian<br>(2015) | 科幻 |

对比“高开放性高外倾性”与“高开放性低外倾性”的科学家角色出现的年代可以发现,美国电影中的科学家角色的性格特质越来越有被塑造成“高开放性低外倾性”的倾向。结合美国电影科学家角色在性别、年龄、正邪属性等维度上的数据,美国电影中科学家形象的总体表现为:年龄 30～39 岁,男性,想象力丰富的正面形象。同时随着年代的变化,有被塑造为不善言谈、社交艰难的“高冷天才”的人物趋势,成为“高开放性低外倾性”的“科技怪咖”。

# 4 中美电影科学家形象塑造的缺憾与改进

## 4.1 科学家角色性格特质需更多元

通过对中美共计192部电影中283位科学家角色的数据统计以及其中的71位个性鲜明的科学家角色进行的性格特质分析,笔者发现无论中国还是美国对科学家形象的正面塑造都远多于负面。但是,在学者江晓原[8]的《为何好莱坞影片中的科学技术绝大部分是负面的》一文中,作者认为好莱坞的创作者由于秉持科学反思的理念,所塑造的科学家形象多为极端的、破坏性强的、成为或屈服于邪恶势力等的一系列负面形象,这也是大部分观众心目中的美国电影中的科学家形象。而上述数据与性格特质分析表明这种观念与实际上多数电影对科学家角色的塑造方向并不一致,无数正面的科学家形象"隐没"在了负面的科学家形象之后,这说明当前电影对科学家角色的形象塑造在人格特质方面存在一定的问题。

如前所述,中国电影多呈现"高尽责性高开放性"的"大科学家"形象,过于单一与套路化的性格特质塑造模式会使观众对部分含有科学家角色的电影失去兴趣。如中国电影中尤其是有关科学家的传记电影,当其中的科学家被观众先入为主地划归到高大全一类的扁平化角色之中后,电影的传播度与影响力都会大打折扣。传记电影《袁隆平》在豆瓣上的评分人数只有316人,电影的名气与科学家的名气完全不符,对科学家与观众来说都是一种遗憾。

在美国电影中,虽然统计数据最高的性格特质是"高开放性低外倾性",但其随着时代的变化实际上有不小的改变。在20世纪70年代末80年代初,科学家角色性格特质表现最多的是"高开放性高尽责性";在80年代末到90年代初,性格特质表现最多的是"高开放性高外倾性";自千禧年(2000年)之后,"高开放性低外倾性"的性格特质才渐渐走红,这可能是由于观众更喜欢科学家们因"高智商低情商"所展现出的"反差萌",所以含有"高开放性低外倾性"性格特质的科学家角色影视作品市场反响更好。

值得注意的是,在美国的科学家传记电影中,科学家形象会更贴近或放大每一位科学家最独特的一面,并不像中国电影那样全部呈现为"高尽责性高开放性",且完全不回避对科学家真人性格方面一些缺陷的呈现,如《美丽心灵》和《自闭历程》。这可能是由于在中国的整体文化氛围中,科学家形象的宣传策略更接近"伟人"式,对于性格古怪或生活稍有负面经历的科学家甚至都不会形成传记电影;而在美国,由于电影工业、技术等外部商业条件较之中国差别明显,一部在商业层面更为成功的电影会显著影响其后电影中同类型角色的塑造倾向,且需要不断地推陈出新以满足永远需要"新鲜感"的电影观众。

"伟人"式的科学家塑造方式和过度追求商业价值的角色塑造倾向对科学家形象的大众传播都是各有利弊的。近期一项对中国青少年心目中的科学家形象调查显示,多数青少年认为科学家在认知与情感上智商高、情商一般;在工作、生活方面,青少年对科学家的印象依然是神圣但刻板的[9]。这一结果表明上述性格特质模式已经深刻影响到了我国青少年群体对科学家形象的认知。因此,为了让正面的科学家形象不再被观众选择性"忽视",改善当前大众对于科学家的千"片"一律的刻板印象,多元化塑造科学家角色的性格特质是十分有必要的。

塑造科学家角色的性格特质,也是对科学家精神的一种传递。我国科学救国思潮先驱秉志提出了"公而忘私、忠于所事、信实不欺、勤苦奋励、持久不懈、仁爱之心"的科学家精神内含,在今日依然具有启发意义[10]。如何从科学家精神内涵出发,探索多种性格特质组合的呈现,是未来电影工作者塑造科学家形象时值得思考的一个方向。

## 4.2 女性科学家角色地位有待提升

在性别比例方面,中美两国电影中的科学家角色女性都远少于男性。在美国电影中,女性科学家角色数量虽然随着时代的变迁有一定的增长,但总体所占比例依然远少于男性。

造成这一状况的原因之一,很可能是现实世界中女性科研人员的数量就远少于男性。2018年我国女性科研人员数为176.02万,仅占科研人员总数的26.79%。不过,随着社会的发展,这一数据在持续增长[11]。许多学者都曾采用性别模式理论研究过大众媒体中的女性科学家形象对青少年的影响,研究表明增多对女性科学家故事的宣传,尤其是在影视中提高女性科学家角色的占比对青少年无论男女都能在很大程度上修正他们对科学家的性别刻板印象[12]。同时,越来越多杰出的女性科学家出现,如中国首位诺贝尔医学奖的获得者屠呦呦女士,在非典、新冠疫情抗疫战中都贡献巨大的李兰娟院士、陈薇院士等,这些优秀的科学家故事值得被传颂,电影中的科学家形象也不该没有她们的身影。

在提升女性科学家角色数量的同时,也应对女性科学家角色在电影中的呈现方式有所改进,避免女性科学家角色身份的边缘化和身体的景观化。当前女性科学家角色身份边缘化的现象多见于中国电影中,而身体景观化的特征多现于美国电影中。在中国电影里,女性科学家的身份往往是妻子、恋人、助手,展现更多的是情感而不是科研能力;在美国电影中,女性科学家往往是青春靓丽、身形娇好、拥有能够吸引观众的性感魅力的存在。当然,这不仅仅是女性科学家角色的问题,也是大部分类型电影中女性角色共有的问题[13],提升女性科学家角色在电影中的地位,电影创作者任重而道远。

## 4.3 科学家角色的职业设定模糊,专业背景细节欠缺

除了上述两点,经过数据对比发现,美国含科学家角色的电影在科学领域设定和影片类型这两方面更为细致和丰富,值得中国电影工作者学习借鉴。

在科学领域设定上,美国电影对科学家角色职业领域方面的塑造涉及面更广,且对科学家角色设定的专业细分更加详尽。美国电影中有发明家、基因实验研究员、古生物学家、语言学家、心理学家等多个领域里的科学家形象;中国电影中科学家角色的职业设定多为物理、生物等少数专业,且对科学专业背景的细节呈现不足。

对职业领域的细分与刻画,能够更好地展现科学家进行科学研究的过程,通过科学顾问的指导使科学知识能够达成更准确的荧幕呈现,从某种程度上来说也是科学家与公众之间的一种良好而有效的沟通,从而能够让公众更进一步地理解科学,促进科学知识的传播。

## 4.4 含科学家角色的电影类型单一,科幻电影有待发展

在含有科学家角色的电影中,美国电影的标签种类更为丰富,科幻、喜剧、传记等不一而足,尤其科幻电影的数量庞大,而中国的科学家形象多出现在传记电影中。各种类型的电影意味着风格迥异的故事背景,它们可以为塑造不同形象的科学家角色搭建出各具特色的呈现舞台。在所有含科学家角色的电影类型中,科幻电影作为科学传播的一种新形式,比起传统的科普方式更能引起公众对科学的兴趣[14]。拓宽含科学家角色的电影类型,不仅能够塑造出更为多元的科学家形象,更是对科学传播形式的一种有效补充。

对于我国电影产业来说,科幻电影是当前极具发展潜力和发展空间的一个类型。优秀的科幻电影票房高、受众广,其中的科学家形象更加深入人心,也能更好地引发青少年群体对科学事业的向往。市场对科幻电影的需求提升也在激励我国电影工作者增加有关科学家的原创性电影剧本的创作,加强对科学家形象的多方位、多类型、多角度的塑造。

# 5 讨论与总结

## 5.1 研究的不足之处与后续研究方向

本次研究覆盖了从1978年至2019年间的中美含有科学家角色的大部分电影，但并不能等同于收录了所有中美影片中的科学家角色。导致缺漏的原因主要有三：一是部分电影年代久远，内容残缺，无法进行清晰的数据录入而被筛除；二是含有科学家角色的电影数量庞杂，尽管已全力筛查但仍然难免遗漏；三是特定类型的电影或容易引起争议的形象被隔离在外，如“超级英雄”电影中的部分角色。尽管他们可能是通过科技手段或是科技装备变成了超级英雄，但从其本质来看他们并不能被纳入本次研究的科学家形象范畴。本研究的后续工作将持续对科学家角色数据库进行查漏补缺，并尝试将特定类型影片中科学家形象的对比研究作为下一个研究议题。

## 5.2 中国电影塑造科学家形象的未来展望

科学家是科学知识的创造者，也是科学精神的体现者。通过电影塑造科学家形象，正是为了弘扬与传承科学家精神。2020年9月11日，习近平主席在科学家座谈会上的讲话中指出，大力弘扬科学家精神，不仅要弘扬老一辈科学家胸怀国家、不畏艰苦的奋斗精神，更要广泛宣传科技工作者勇于探索、献身科学的生动事迹，引导鼓励青少年群体的科学兴趣[15]。电影中的科学家形象正是弘扬科学家精神、引发青少年群体科学兴趣的一座桥梁。通过电影塑造良好、多元、全面的科学家形象，不仅能够拉近大众与科学家群体的心理距离，更能通过这种更受大众欢迎的科学传播方式，传播科学知识，传承科学家精神，引导受众尤其是青少年群体对科学事业的择业期待和正确认识。同时，通过电影对科学家良好形象的塑造来体现和弘扬科学精神，也能弥补科普工作中相对重视科学知识普及而忽视科学精神传播的不足。

# 参 考 文 献

[1] National Science Foundation Science and Engineering Indicators-2002[R]. Arlington, VA (NSB 02-01), April20027-25-35.

[2] Weingart P, Muhi C, Pansegrau P, et al. 科幻电影中的科学和科学家[J]. 科普研究, 2008(5): 79-83.

[3] 王坎,詹琰.电视商业广告中的科学家形象与科学传播[J].科普研究,2013,8(6):78-85.

[4] 吴鑫丰.国产影视作品中的科学家形象塑造及其缺憾[J].现代视听,2012(11):39-43.

[5] 李红燕.简介“大五”人格因素模型[J].陕西师范大学学报(哲学社会科学版),2002(S1):89-91.

[6] Matthews G, Deary I J. Personality traits[M]. Cambridge: Cambridge University Press,1998.

[7] McCrae R R, Costa P T. Adding liebe und arbeit: the full five-factor model and well-being[J]. Personality and Social Psychology Bulletin, 1991,17: 227 - 232.

[8] 江晓原.为何好莱坞影片中的科学技术绝大部分是负面的[J].科学与社会,2018,8(2):116-124.

[9] 张正严,朱依娜,何光喜.中国青少年心目中的科学家内在形象调查研究[J].中国科技论坛,2020(10):132-141.

[10] 孙炜,史玉民.秉志论“科学家之精神”及其现代价值[J].科学学研究,2020,38(10):1729-1734,1810.

[11] 李志红,林佳甜.女科学家群体比较研究:以获诺贝尔自然科学奖的女科学家和中科院女院士为例[J].自然辩证法研究,2020,36(8):109-115.

[12] Gyu L D, Heejun L. The effects of career education using female scientists role models on elementary students' perceptions of science related career[J]. Journal of Korean Elementary Science Education,2019,38(4):510-521.

[13] 胡军利.创业电影中女性形象的文化审视[J].电影文学,2020(22):69-72.

[14] 秦晨菲,聂馥玲.科幻电影,放大的现实:科幻电影进行科学传播的可能性分析[J].科普研究,2017,12(5):36-42,108.

[15] 习近平.在科学家座谈会上的讲话[N].人民日报,2020-09-12(002).

# The Portrayal of Scientists in Chinese and American Films in the Past Four Decades: A Comparison Based on Personality Trait Theory

HUANG Wen, ZHU Ziyue

School of Humanities and Social Sciences,

University of Science and Technology of China, Hefei 230026

**Abstract** Through a survey of the image of scientists in Chinese and American films since 1978, the paper summarizes their feature based on the theory of personality traits and SPSS data, analyzes gender, age, attributes of good and evil to explore and compare the advantages and disadvantages of Chinese and American films in the concept and method of shaping the image of scientists. In the end, the paper puts forward four suggestions for their further improvement, namely, enriching the character expression of the scientist image; increasing the number of female scientists; furthering refine the scientific field of the scientist role; expanding the types of movies containing the role of the scientist.

**Key words** image of scientists; personality trait theory; comparative study

## 作者简介

黄雯,中国科学技术大学人文与社会科学学院科技传播系副教授、博士,主要研究方向为视觉艺术与科学传播。

朱子月,中国科学技术大学党委宣传部综合宣传科科员、硕士。

# 现代科技馆人才驱动平台发展模式研究：以山西省科学技术馆为例

路建宏[1]　孙昕唱[2]　周　慎[2]　仝鲜梅[1]

1）山西省科学技术馆，太原　030000

2）中国科学技术大学人文与社会科学学院，合肥　230026

**摘　要**　科学技术馆作为我国实施“科教兴国”战略的重要基础设施，是我国科普事业的重要组成部分，其展览、教育、培训、休闲等功能使其成为天然的科学聚集地和扩散场，肩负着普及科学知识、弘扬科学精神、传播科学方法的重要使命。本文采用传播学的传者视角，以山西省科学技术馆为个案，就其建立以人才驱动的发展模式，内容侧的展陈丰富性与脉络逻辑性，形式侧的方式多样性与展示互动性的独特科学传播平台进行深入探讨，并从以人才为核心、主题选择、分众化传播和科技馆生态体系构建等方面对科技馆科学普及和社会教育功能进行优化重组，为培养新时代科学传播人才、建立科学合理的运行机制、形成多元包容的传播生态提供可行案例基础和实践路径。

**关键词**　科技馆；科学传播人才；科学普及；科普场所；展览

## 1　引　言

党的二十大指出：教育、科技、人才是全面建设社会主义现代化国家的基础性、战略性支撑。科学技术馆作为人才培养和科学教育的重要基地，肩负着普及科学和技术知识、弘扬科学精神、传播科学思想和科学方法、宣传科学技术成就的重要使命。《现代科技馆体系发展“十四五”规划(2021—2025年)》中也提到：要将现代科技馆打造成科学家精神教育基地、前沿科技体验基地、公共安全健康教育基地和科学教育资源汇集平台，有效构建高质量科普公共服务核心阵地。因此，应充分发挥现代科技馆的社会功能，通过科普展览、科教影视、科技培训等手段以及参与、体验、互动的方式，培养具有科学思维、科学家精神和科学创造力的未来科技英才。但目前我国科技馆体系还存在一些问题，如科技馆运行机制不完善、科学精神和科学家精神的弘扬不够充分、科技馆优质科普资源有效供给不足、人才队伍建设存在短板等。

现有研究主要探讨科技馆发展现状和对策[1-2]、社会功能[3-4]、评价体系[5]、营销管理[6-7]、传播与教育[8-9]、人才培养[10]、展品设计[11]、互动形式[12]、叙事研究[13]以及科技馆建设路径的国外经验与案例分析[14]。在个案研究方面，杨瑞等[15]以上海科技馆为例，对不同展品的展教效果进行评析；常羽和焦娇[16]以中国科学技术馆为例，分析了人才队伍建设路径。上述研究涉及管理学、建筑学、教育学、档案与博物馆学等学科。从传播学视角来看，科技馆是科学知识、科学精神的汇集地和扩散场，兼顾展览、传播、教育、培训等多种功能，而科普人才作为传播者，在整个传播链条中发挥着关键性、基础性作用。但现有研究并未对科技馆人才发展理念进行深入探讨，对科技馆内容展陈与逻辑建构方面缺乏实例研究。人才建设是科技馆实现高水平发展的基础和保障，要加强科学技术馆专职科普人才队伍建设，培养高层次科普专门人才等。科技馆作为科学传播的一个完整的生态体系，如何以传播者素质为核心，在受众多样且异质的情况下，打破认知差异和时空限制，建立具有包容性的传播生态，是本文的研究重点和创新之处。

山西省科学技术馆在人才培养和理念贯彻、主题选择、展区设置、内容呈现以及展教形式等方面具有典型特征，因此，对山西省科技馆的案例深描和运营模式提取有助于完善现有的科技馆建设路径，为省级科技馆建设具有地方特色和时代化的科技馆科学传播体系提供新思路，发挥科技传播人才的基础性、战略性作用，打造科技馆场景下人才驱动平台发展及全民科学素质提升的新模式。

# 2 案例介绍：山西省科学技术馆

## 2.1 概况

山西省科学技术馆新馆位于太原市，于 2013 年 10 月 1 日开馆，建筑面积 3 万平方米，建有 7 个展厅，319 个展项，现已成为山西省重要基础性设施以及开展科普工作和青少年科学素质教育的基地。图 1 是山西省科学技术馆外景图片。山西省科学技术馆新馆在设计上体现科技文化寓意，呈现地域风格特色，建筑本身就是一个巨大的科技展项,"建筑物多参量物理化学环境监测系统"可以将科技馆内人们无法感知的微小震动、场馆内二氧化碳浓度、粉尘含量、空气流动速度等呈现在屏幕上,使人们进入科技馆大门就能将自身所处环境量化。观众还可以通过传感器,在屏幕上实时看到自己的呼吸过程,了解自己血液输送氧气的状况。在科学传播方面,山西省科技馆已经建立了稳固的"横向到边,纵向到底"的流动科技馆工作网络,惠及观众283万人次、培训科普志愿者2912人次、编辑成册的观后感1.7万余篇,被称为"流不走的流动科技馆"。山西省科技馆主动创新科技馆体系运行模式和机制,构建"三级联动"机制和"广覆盖、系列化、深推进、可持续"的组织体系,延伸现代科技馆体系的"最后一公里",按照"省统筹、市调配、县落实"的思路,实现各级科技馆的协同发展,促进科技人才均衡、合理流动,有效构建高质量科普公共服务核心阵地。2022年3月,山西省科学技术馆入选2021～2025年第一批全国科普教育基地。在同年6月举办的全国现代科技馆体系工作会议上,山西省科技馆以"积极发挥场馆效能,努力践行现代科技馆体系"为主题进行经验分享,为构建科学合理的科技馆体系贡献山西智慧。

**图1　山西省科学技术馆外景**

## 2.2　功能与办馆特色

山西省科学技术馆是开展科普教育的社会公益场所,是集科普展览、科教影视、科技培训、学术交流和天文观测多项功能为一体的重要科普场所。多年来,山西省科学技术馆不断挖掘和整合科学信息资源,以其鲜明的科普功能和准确的分众定位以及开门办馆的开放方式,深深吸引着广大公众,科普传播的辐射功能不断彰显。作为国家重要的科普基地,山西省科学技术馆努力构建"三基地一平台",以独特的优势实现着有效的科学传播:一是不断挖掘和整合科学信息资源,深化传播思想,丰富“四科”内涵，以较强的时效特点，持续打造科学传播资源的集散基地；二是作为社会终身学习平台，引进先进理念，厚培科学传播土壤，与时俱进地营造渲染科学思想的浓厚氛围；三是针对传播主体目标，以公众喜闻乐见的方式实现不可替代的传播效果；四是不断拓展传播途径，延伸工作范围，以开门办馆的升级方式深入基层，不断强化科学传播的辐射功能，极大地扩展了传播的覆盖面，缩短了科学传播的“最后一公里”。山西省科学技术馆现已经成为以科学知识、科学方法、科学精神和科学思想为核心的科学传播新地标。其在建筑设计、展厅设置、主题选择等方面都体现出科学性、趣味性和互动性。

# 3 运行分析

山西省科技馆高度重视馆内人才建设和培养，形成了以人才为核心，以内容与形式为两翼，以丰富性、逻辑性、多样性、互动性为四种特性的现代科技馆运行模式，充分发挥着现代科技馆体系的省级辐射核心作用（图 2）。

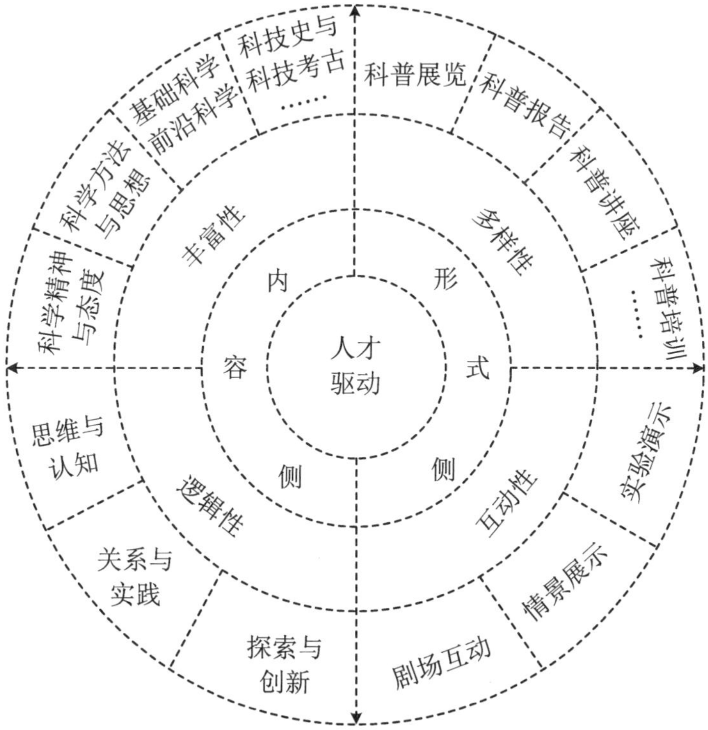


图 2 山西省科学技术馆运行分析图

## 3.1 核心:人才的专业性

山西省科学技术馆人才的专业性主要体现在人才发展理念、人才建设和培养、人才构成以及人才评价体系四个方面(图3)。

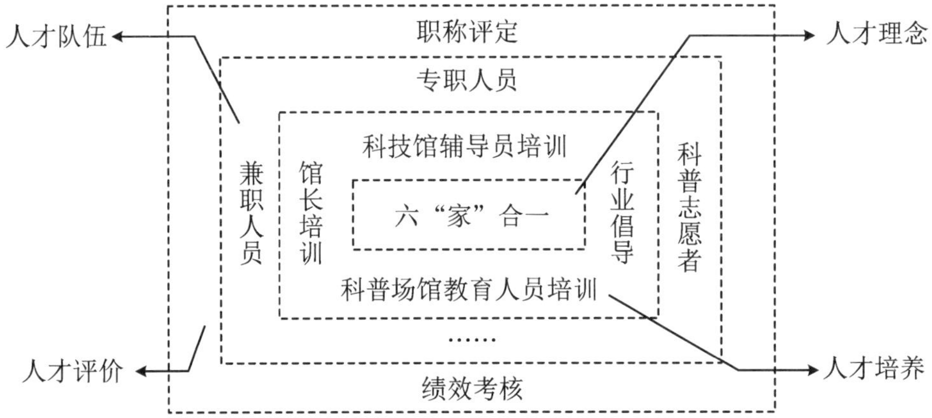


**图3 山西省科学技术馆人才驱动平台发展内核**

(1) 在培养理念上,注重多"家"一体的人才培养模式,即像科学家那样思考问题;像教育家那样深谙教育规律、实施教育活动;像心理学家那样了解不同对象的认知特点和兴趣,沁人心脾地开展工作;像管理学家那样有序有效、有声有色地组织科学活动;像实践家那样勇于探索,努力实践传播理论,拓展性地开展传播活动;像宣传鼓动家那样能够充满激情地感染公众;像社会学家那样从纷纭的社会现象中发现热点,开展富有时代特色的科学传播活动。

(2) 在人员建设和人才培养方面,山西省科学技术馆以场馆为平台,积极承办全国培训班和行业重大业务比赛,促进展教成果转化和专业人才孵化,提高科普工作显示度和社会影响力。近年来承办了"全国科技馆馆长培训班""全国科普场馆教育人员培训班""全国科技馆发展论坛""全国科技馆辅导员大赛全国总决赛"等,通过学术探讨、同台竞技、心得交流,提升了科技馆人员的策划、组织和协调能力,达到了"以赛代训、以赛促学"的效果,为行业发展起到了引领作用。

(3) 在人员构成上,山西省科技馆以"十四五"规划和《关于新时代进一步加强科学技术普及工作的意见》为指导方针,畅通科普工作者职业发展通道,优化人才发展政策环境,注重专职人员、兼职人员和科普志愿者的协同发展。在专职人员建设方面,着力培养科学教育、展品设计、活动开发、运营管理等方面的专业人才。在兼职人员建设方面,广泛吸收高校、科研院所、行业组织中的科普人才,加大对科学教师和高校学生参与科技馆科普工作的支持力度;积极吸纳学会和社会组织中对科学教育和科学普及感兴趣的志愿人员,探索形成规范化、社会化的科技馆志愿服务工作体系,搭建共建共享的志愿服务资源平台。打造出一支结构合理、专业过硬、业有所攻又全面发展的科普人才队伍。

(4) 在绩效考核和职称评定上,致力于形成科学规范和公平公正的评定体系,拓宽科学传播人才职业发展通道,建立多元激励机制,吸引更多有能力、有想法、有创造力的年轻人和高层次人才进入到科技馆体系中。科普能力和科普资源的建设,不仅仅需要科技馆基础设施、科普展品等“硬资源”的建设,更需要科技馆专业人才等“软资源”的建设和提升[16]。山西省科学技术馆在精心打造科学传播平台的同时,努力塑造优秀科学传播队伍。

## 3.2 内容侧:丰富性与逻辑性

人才驱动内容侧的展陈丰富性与脉络逻辑性发展。

### 3.2.1 展陈的丰富性

内容的丰富性主要体现在馆内独特的展示资源和丰富的展教活动。

在展示资源方面,馆内设有6个主题展区和1个公共展示空间,展示内容涉及从古代到现代科学发展的历程、基础科学到技术应用的前沿科学、科学方法到科学思想、科学态度到科学精神等科学领域的各个方面,并且从外部建筑造型到内部结构,从大型设施到功能细节,都独具匠心地蕴含了科技信息,319个独具特色的科学性、互动性、参与性展品展项。向公众展示着三重意义:科学的意义、文化的意义和传播的意义。

在展教活动上,馆内研发实施了“科学有曰”“科学有课”“科学有剧”“科学有趣”等精品教育活动。“科学有‘曰’”主要是邀请知名专家,开设“走近科学、亲近科学”的系列精品讲座;“科学有‘课’”主要是对不同年龄观众量身定做科学课程,共开发和实施了765节科学课;“科学有‘剧’”主要是创作、编排以科学为内容、以表现艺术为形式的剧目,共创作、编排、上演了56个剧目;“科学有‘趣’”主要有动手制作活动和趣味科学实验等,共开发了趣味科学实验70余个。这些丰富的内容依托互联网,突破时空限制,形成线上线下联动的传播机制,让全国各地的观众足不出户就能享受到馆内丰富的科技展藏,感受独特的科学魅力。

山西省科学技术馆以场馆为依托,广泛集成和深度挖掘科普展示资源,多形式开展特色展教活动,努力打造现代科技馆体系省级辐射核心。为全面落实《现代科技馆体系发展十四五规划(2021—2025年)》迈出了坚实的步伐。

### 3.2.2 脉络的逻辑性

展区的设计、展项的呈现不仅体现出科学的体系化和逻辑性,同时也与人的认知逻辑相契合,即思维认知-关系实践-探索与创新(表 1)。山西省科学技术馆以严密的逻辑脉络,构筑完整的科学知识体系,打造了由浅入深、由表及里的科学传播路径。山西省科学技术馆以"科技——探索与创造的智慧"为展示主题,以科学技术推动人类文明发展的进程为主线,构建了脉络清晰、逻辑严密的内容体系。数学展区(图 4)展示了与数学相关的元素,让数学思维成为公众理性思考的底层逻辑;宇宙与生命展区展现了宇宙、地球、生命的起源及演化发展规律,引导公众深入了解自身生存的客观物质世界。"机器与动力"和"走向未来"两个展区则从认知思维走向了关系与实践的哲学向度,人类在运用智慧发展科技,改变世界的同时,更要注重和谐共生和可持续发展的智慧,科学地认识自然并遵循自然规律,创造并理性地运用改变自然的技术,开辟一条人与人、人与自然、人与地球和谐的可持续发展之路。天文展区(图 5)内配备有先进的折返式天文望远镜,将天文从光年拉到咫尺之间,满足了公众的好奇心,同时激发出公众的探索欲和创造力,为青少年成长为具备想象力、创造力的未来青年领袖奠定基础。

**表 1　山西省科学技术馆内容与逻辑关系**

| 逻辑向度 | 展区设置 | 展区内容/主题 |
|---|---|---|
| 思维与认知 | 数学展区——人类思维结构的基础部分 | 数学史与数学家、数学与人类活动、数学思想和数学方法 |
| | 宇宙生命展区——认知世界的智慧 | 探究宇宙、天上飞来的家园、生命的故事、人体奥秘 |
| 关系与实践 | 机器与动力展区——改变世界的智慧 | 第一、二、三、四次工业革命 |
| | 走向未来展区——和谐发展的智慧 | 交流、水——生命之源、碳循环和碳基文明、探索太空 |
| 探索与创造 | 天文展区——瞭望苍穹 | 古星图、星空走廊、智能讲解、活动星图和望远镜实物解构图 |

图 4　数学展区

图 5　天文观测活动

## 3.3　形式侧:多样性与互动性

人才驱动形式侧的方式多样性与展示互动性发展。

### 3.3.1　方式的多样性

山西省科技馆具备常设展览、专题短期展览、流动科技展览、科普报告、科技培训等多种科学传播和教育形式。常设展览有 6 个展区和 1 个公共空间,除上述 5 个展区外,还包括“儿童科学乐园”,公共空间有“世界文明发展之源”“谁执彩屏当空舞”“机械旋律”等 8 个标志性大型展项;馆内也自行设计制作专题短期展览,同时到基层进行巡回展览,设计制作的“新科技 · 新生活”低碳专题展览被山西南部的翼城县作为常设展览,深受公众欢迎;发挥流动科技馆的辐射功能,通过科普大篷车(图 6)的形式向外输送科学知识,以场馆为龙头,构建“三级联动机制”和“广覆盖、系列化、深推进、可持续”的组织体系，覆盖了全省远离中心城市的 86 个县城，成为科学传播的轻骑兵，延伸了现代科技馆体系的“最后一公里”。被中国科协科普部评为中国特色现代科技馆体系“普惠之星”。作为科学传播和科学教育的主要阵地之一，山西省科技馆积极开展科技培训、举行科普讲座、组织科学实践活动，将科技馆打造成“科普大讲堂”和“科学大舞台”。邀请著名科学家举办“走近科学、亲近科学”系列精品讲座，面向社会组织开展“星期日知识讲座”。2013 年，将讲座提质升级为“山西科学讲坛”(图 7)，至今已举办各类科学论坛活动 800 余场，受众达到 15 万余人次。“山西科学讲坛”被中央文明办评为全国精神文明创建工作优秀范例，并被收录于《全国精神文明创建工作新方法 100 例》向全国推荐。馆内研发和实施的“科学有约”教育活动，以“科学家故事”“科学读书会”“解密科学事件”“再现科学实验”和“深

图 6　科普大篷车在扶贫县——阳曲县开展科普活动

图 7　山西科学讲坛

度看展项”5个分主题为内容,从不同角度诠释科学知识、科学思想,达到科学传播的目的。

山西省科学技术馆秉承“展教结合,以展延教”的理念,依托展项资源,深度研发和实施科学教育活动,将展品展项作为科学与公众链接的基本方式。多年来形成了专业化、包容化、品牌化、口碑化、长效化的科学传播机制,也使山西省科技馆成为了科普展示资源的集成基地和科学传播的辐射核心。

### 3.3.2 展示的互动性

科技馆的展品具有科学性、知识性、互动性、体验性、参与性等属性,通过静态陈列、动态演示、情景展示与剧场互动等多种表现方式,丰富公众的视听体验,使公众边动手、边动脑,既能开发公众的学习能力和创造力,又能强化学习效果。展品设计要调动观众全方位的感官体验,让其在身临其境的环境下,主动地体会、思考乃至动手去验证原本艰涩的科学原理。山西省科学技术馆力求使展品、展项实现“两表”,即生动有趣的表现和深刻内涵的表达,“表现”是通过亲身操作,准确生动地表现出奇特的过程和科学原理;“表达”是通过展品、展项运行,深刻地揭示出科学思想,甚至是科学家精神,也就是通过展品、展项及辅助性的展示手段,激发公众科学兴趣,启迪科学观念,提高科学素养,从而实现科学传播的目的。特效科普影视是馆内剧场互动的一种有效形式,包括穹幕影院(图8)、XD影院、梦幻剧场、环幕影视等。以影院为载体,通过视觉、听觉、触觉等感官的强烈刺激,营造一种身临其境之感,以第一视角感悟科学,塑造观众的认知基模,有利于终身教育和二次传播。特效影视既是先进影视技术的展示,又是科普内容的独特呈现。

**图8 穹幕影院**

# 4 讨　论

科学技术馆应发挥人才的基础性作用,以鲜明的科普功能、准确的主题与分众定位及开门办馆的运行方式,建立“横向到边,纵向到底”的流动科技馆工作网络,打造具有更高包容性的学习和传播生态体系。

## 4.1 发挥人才的基础性作用

人才是第一资源,对于现代科技馆体系建设具有战略性、支撑性作用。目前我国科技馆人才队伍建设还存在诸多不足,如缺乏高学历和复合型人才、管理评定机制不健全、人员流动性大等。《全民科学素质行动规划纲要(2021—2035年)》指出,要加强专职科普队伍建设,大力发展科普场馆、科普基地、科普研究等领域专职科普人才队伍,加大高层次科普专门人才培养力度。同时鼓励有条件的地方制订科普专业技术职称评定办法,开展评定工作,将科普人才列入各级各类人才奖励和资助计划。科技馆应联动政府、企业、科研机构和行业组织,吸纳优秀科技人才,畅通人才建设、人才培养、人才评价的全过程,建立可持续发展的科技人才资源库。通过行业培训、知识竞赛等方式建立专业化的专职人才队伍;通过校园科技节、馆校结合、科普大篷车的形式构建多元的兼职人才体系;通过开展系列科普活动和讲座,提升志愿者的参与度。在人才管理和评价方面,要打破“铁饭碗”的管理模式,借鉴国外科技馆管理评价体系,如英国的发展性评价、美国的同行评议方式,形成重过程、交互建构、系统化的评价方式。在人才可持续性方面,要实现物质激励和情感激励双管齐下,使包括志愿者在内的科技人才感受到自己的价值和贡献,将个人理想与科技馆发展目标相融合,将内在动力转化为科技馆可持续发展的外在力量。

## 4.2 明确的主题与分众定位

科技馆是面向公众,尤其是青少年开展经常性、群众性科普展览教育活动的重要阵地。科技馆要构建内容为王的科学传播体系,根据公众的知识基础和文化程度来进行展区的划分和展览的设计,实现科技馆的分众化传播与定制化传播。山西省科学技术馆专门设有儿童科学乐园,以“生命的智慧”“生活的智慧”“生存的智慧”的“三生”启迪教育为展示主题,使学龄前少儿走进神秘的大自然,身临其境地去认识“生长、生活”在这里的植物和动物,通过动手动脑,感受生活中无处不在的科学,通过游戏和体验,增强科学的避险意识。以此来感悟生命、生活和生存的智慧。“瞭望苍穹”展区面向青少年,古星图、星空走廊、智能讲解、活动星图和望远镜实物解构图等,生动形象地向公众普及天文基础知识,呈现宇宙的深邃和壮观。由此可见,一个好的主题或展区名称,能让观众窥一斑可知全豹,兼顾导览性和启发性,观众看到主题大致就能想到其中的内容。展区主题切莫晦涩难懂和过于玄妙,否则不仅提升了观众的理解门槛,而且也背离了大众传播的原则。

## 4.3 构建包容的传播生态

科学技术馆要倾力打造具有更高包容性的学习和传播生态,这需要创新传播手段和工具,并将全民纳入到科技馆科学传播范围中,形成"横向到边,纵向到底"的流动传播网络,并在兴趣触发和学习参与两个层面提高科学传播效果。如今,越来越多的科技馆依托互联网和丰富大数据资源,将科技馆整体建模,制作成3D模型,使观众在虚拟的科技馆中漫游,观看各种三维仿真展品,随时了解各种科技作品的信息资料,这种虚拟化、数字化、互动式、共享性、参与感强的"数字博物馆"已经成为新时代科技馆进行科学传播的独特方式,也是科技馆越来越具有包容性的一种独特体现。在"双减"背景下,科学技术馆逐渐成为学生非正式学习的重要场所,"馆校结合"已成为素质教育改革下一种新的科学传播方式。科技馆通过举办研学或夏令营活动,吸引教师和青少年走进科技馆,学习了解科学知识;举行"科技进校园"活动,将科技馆中的展品"搬"到校园中,还可以通过教学资源包、云上游、VR等形式,借助多媒体和互联网,让学生在校园里就能获得科学的熏陶。科学技术馆还应定期举办科普讲座、科普展览、科学电影、科学表演等活动,实现科学技术馆的社会教育功能,在全社会推动形成爱科学、学科学、用科学的良好氛围,提高全体国民科学文化素养,为中华民族的伟大复兴建功立业。

# 5 结　　语

科技馆作为独特的科学传播平台,肩负着科学普及和社会教育的重要使命。在这个过程中,人才是核心要义,我国尚未形成完备的科技馆人才培养理念和科学合理的人才评价体系,省级科技馆和行业组织要发挥领导、带动和辐射作用,促进科技馆人才流动均衡,落实人才职称评定制度。科技馆的发展理念、展览内容、展演形式以及展教手段更要与时俱进,通过开展国内外优秀科技馆案例研究,吸收借鉴国内外科技馆建设与发展经验,加强理论总结与实践应用。推动科技场馆在资源开发共建、场景搭建、学术研究、人才培养等方面的现代化发展,打造具有中国特色的独特科学传播平台。

# 参 考 文 献


[1] 郑念.全国科技馆现状与发展对策研究[J].科普研究,2010,5(6):68-74.

[2] 张明生.我国省级科技馆现状与发展趋势[J].科技通报,2001(2):74-80

[3] 白宗新,陈竞蓉.科技馆的社会教育功能[J].科技情报开发与经济,2005(3):176-177.

[4] 常娟.科技馆教育功能及其形成机制探析[J].科学之友,2011(6):1-3.

[5] 李霞,段钊.浅析我国科技馆绩效评价指标体系的构建[J].科学教育与博物馆,2015,1(3):181-185.

[6] 黄荣根.科技馆科普展教活动开放性与外延性的实践与探讨[J].科技通报,2015,31(10):273-277.

[7] 倪杰.科技馆知识营销探究[J].科普研究,2012,7(6):29-34

[8] 宋娴."双减"背景下科学类博物馆教育生态体系搭建:现状、困境与机制设计[J].中国博物馆,2022(1):4-9,127.

[9] 陶思敏,戴静.对接新课标,践行新理念,探索新模式:对于"馆校结合"的思考与实践[J].自然科学博物馆研究,2017,2(4):53-60.

[10] 王琴.科技馆科普人才队伍建设的思考与探索[J].科技传播,2015,7(3):165,158.

[11] 李小瓯,盛业涛,陈志杰,等.浅谈国内科技馆传统科普展品的改进和提高[J].科普研究,2010,5(4):67-74.

[12] 张安玲,李大光.北京专业科技馆互动展示现状浅析[J].科普研究,2013,8(2):54-60,91.

[13] 穆力兵,王晓宇.博物馆、科技馆展览叙事结构及叙事载体分析[J].自然科学博物馆研究,2018,3(2):30-37.

[14] 胥彦玲,何丹,吴晨生.国外科技馆建设对我国的启示[J].科普研究,2010,5(1):57-60,92.

[15] 杨瑞,刘晋,罗洋,等.科技馆展品的展示形式调查研究:以上海科技馆为例[J].科技传播,2016,8(16):48-50.

[16] 常羽,焦娇.我国科技馆系统专业人才队伍建设研究:以中国科技馆为例[J].科普研究,2016,11(2):57-64,98-99.

# Research on the Development Model of Talent-driven Platform in Modern Science and Technology Museum: Take Science and Technology Museum of Shanxi Province as An Example

LU Jianhong[1], SUN Xinchang[2], ZHOU Shen[2], TONG Xianmei[1]

1) Science and Technology Museum of Shanxi Province, Taiyuan 030000

2) School of Humanities and Social Sciences,

University of Science and Technology of China, Hefei 230026

**Abstract** Science and technology museum as an important infrastructure for implementing the strategy of "rejuvenating our country through science and education" in our country, is an important part of science popularization in our country. The functions of exhibition, education, training, leisure make it become the natural gathering place and diffusion field of science, and shoulder the important mission of popularization of scientific knowledge, carrying forward the spirit of science and disseminating the method of science. From the perspective of communicator of communication, this paper takes Shanxi Provincial Science and Technology Museum as a case to make an in-depth discussion on its establishment of a unique science communication platform with a talent-driven development model, the richness and logic of the content side, and the diversity of ways and interaction of the form side. In addition, the functions of science popularization and social education in science and technology museums are optimized and reorganized from the aspects of talents as the core, theme selection, mass communication and the construction of the ecological system of science and technology museums, so as to provide a feasible case basis and practical path for training science communication talents, establishing a scientific and reasonable operating mechanism, and forming a diversified and inclusive communication ecology.

**Key words** Science and Technology Museum; talents; popularization of science; popular science places; exhibition

## 作者简介

路建宏,男,山西左权人,山西省科技馆党委书记、馆长、中国自然科学博物馆学会常务理事。

孙昕唱,女,山东济南人,中国科学技术大学人文与社会科学学院研究生。

周慎,男,浙江衢州人,博士,中国科学技术大学科技传播系特任副研究员。

仝鲜梅,女,山西运城人,山西省科技馆展教中心主任。

# 科技创新团队与城市创新环境的互动研究：以中国科大量子团队为例

沈晓萱　祝秀丽　范　琼

中国科学技术大学人文与社会科学学院，合肥　230026

**摘　要**　科技创新团队作为科学研究中非常积极活跃的主体之一，在进行科技创新突破中发挥着关键作用，团队的发展离不开环境的支持，团队与城市创新环境之间存在着双向互动的关系。本文锚定中国科大量子团队，进行跟踪研究并展开相关调查和分析，阐述了科技创新团队与城市创新环境之间的相互作用；并从政策、产业、基础设施、人才教育四个方面对城市创新环境进行研究，在此基础上探究科技创新团队对城市创新环境互动关系。

**关键词**　高校；团队；科技创新；城市创新环境

## 1　引　　言

在第四次科技革命蓬勃发展的背景下，科技与国家社会经济发展的关系越来越紧密，科技对国家社会经济发展的引领和推动作用也处于突出地位。提升科技自主创新能力成为一个国家科学技术发展的基点，也是国内产业结构更迭和增长方式转变的重要环节。我国自 2006 年提出建设创新型国家以来，始终将提高自主创新能力摆在科技工作的重要地位，而国家自主创新能力的提升与科技创新人才培养息息相关，这对我国加快培育一批在国际上具有竞争力的科技创新团队提出了要求。

目前，我国科技教育界和行政主管部门也逐渐意识到科技创新团队在科技工作中的重要地位，设立基金、资助计划等对培育优秀科技创新团队予以支持。国家自然科学基金委员会于 1999 年设立了“创新研究群体科学基金资助”计划，每年资助团队 20 个左右；2004 年 6 月教育部启动了最高层次的人才项目“长江学者和科技创新团队发展计划”,该计划新设“科技创新团队”项目,对以拔尖创新人才为核心、从事国家重点发展领域或国际重大科学与技术前沿研究的优秀科技创新团队给予重点资助[1]。

对于科技创新团队的概念界定,韩雪娇[2]在《科技创新团队文化自由与绩效关系研究》中将斯蒂芬·罗宾关于团队的观点与科技创新团队的特征相结合,定义科技创新团队为“为了实现技术改进与完成创新任务,把自身拥有的知识与能力贡献出来,并以研发、创新和成长为目标的人员组成的小群体”。

目前关于“科技创新团队”的研究集中于团队本身,包括团队培养与管理模式、团队创新能力、团队绩效、团队知识网络等方面。石静等[3]结合网络分析方法和知识嵌入视角,选择生物医药领域的科技创新团队进行实证研究,对团队知识测度指标及其内涵进行讨论分析,得出团队知识节点分布均衡但知识之间关系结构差异较大,知识多样性与创新绩效呈倒U形关系,知识凝聚性与团队规模呈正相关等结论。万涛等[4]运用问卷调查法和访谈法,发现注重创新结果绩效而忽略了创新过程绩效,会导致科技创新团队积极性缺乏,为解决该问题,其设立了共有20个指标的科技创新团队创新绩效评价体系,并根据德尔菲法形成了一套全新的基于价值链的科技创新团队创新绩效管理体系。

关于“创新与城市关系机制”的现有研究主要从以下几方面展开:一是探讨创新政策与城市创新水平的关系,肯定了创新政策与城市创新水平之间的正相关作用,熊波等[5]、纪祥裕等[6]、楚金华等[7]多位学者分别探讨了设立国家高新区、知识产权示范城市与智慧城市对城市创新水平的影响;二是考察创新产业集群与城市创新之间的关系,于喜展等[8]纳入了生态共生理论,提出基于城市创新的集群生态系统概念模型,他认为政府、企业、高等院校等群体在共生环境的作用下会进行着物质、信息、能量交换,形成了互惠共生模式,在带动产业集群创新能力提高的同时,实现城市创新水平的提升;陈松洲[9]以广东省汕头市为个案对创新型产业集群与创新型城市之间的互动关系进行分析,发现创新型产业集群能够推动创新型城市建设,而城市建设又能够反作用促进产业集群的发展;三是考察城市创新环境或投入要素对城市创新水平的影响,关注角度包括营商环境、国家审计治理、创业环境、行政审批制度等。张志红等[10]以全国68个创新型城市为研究对象,指出营商环境对城市创新能力具有根源性影响,并发现政府效率、金融环境、人力资源、公共服务、市场环境和创新环境等6个条件能够驱动城市创新绩效提升;郭檬楠等[11]选取了中国285个城市的数据,得出国家审计与城市创新要素聚集呈现正相关,国家审计治理能够促进城市创新要素聚集,包括人才、资本、技术和数据等。

综上可见,对于“科技创新团队”的研究主要聚焦于团队本身,对团队与外部环境相互作用的研究较少;而关于“创新与城市关系机制”,也鲜有将科技创新团队与城市创新环境结合的研究,缺乏从双向互动的视角探讨科技创新团队与城市创新环境的关系。城市是科技创新团队孵化的重要温床,其孵化、培育、成长均离不开其所在城市,团队的发展水平与城市创新环境息息相关;而科技创新团队也会对所在城市产生深远的影响,包括经济发展、文化建设、人才聚集等多方面。因此,探讨科技创新团队与城市创新环境之间的互动关系,分析城市创新环境如何推动科技创新团队发展,科技创新团队又如何影响城市创新环境建设,具有重要的理论与现实意义。

# 2 研究设计

本研究选取了中国科学技术大学三支量子团队作为科技创新团队的典型代表进行研究,分别是由潘建伟院士领衔的量子物理与量子信息研究部、郭光灿院士领衔的中国科学院量子信息重点实验室以及杜江峰院士领衔的中国科学院微观磁共振重点实验室。三支团队均为国内高水准的量子团队,研究成果获得国内外多项荣誉,在国内外学术期刊上发表百余篇 SCI 研究论文,培养了大量量子领域的优秀人才。

本研究主要采取质性研究方法,以文献调研、追踪访谈等方法对三支团队的发展环境进行深入的分析与评估。对处于核心地位的首席科学家、实验室平台、科研机构、跨界协同科研网络进行追踪研究。追踪时间为 2022 年 1～9 月,访谈团队成员共 12 名。同时,查阅相关数据资料、政策文件与报道,收集、整理和统计分析合肥市创新环境的变化,进一步探究科技创新团队与城市创新环境间的影响作用。

在进行团队骨干成员访谈时,集中于“团队发展历史脉络与未来走向”“团队与城市产业发展协同合作情况”“合肥城市创新环境”“团队创新能力与城市环境间的互动关系与影响机制”等问题,深入探索团队发展与城市创新环境间的互动关系。

# 3 科技创新团队的城市创新环境分析

当前,在量子科技领域,合肥市实力属于国内第一方阵,量子产业也已成为合肥市的金字招牌,合肥市在高校科研实力、科技成果转化、产学研协同、科普教育等方面,均有着突出表现,这在很大程度上得益于合肥市良好的城市创新环境,能够为科技创新团队的发展提供孵化温床与全链条支撑。

创新环境的概念由欧洲创新研究小组(GREMI)于 1985 年提出,将其定义为“限定区域内的主要行为主体通过相互间的协同作用和集体学习建立起来的非正式、复杂的社会关系”[12]。现有文献关于城市创新环境的要素构成可分为外部环境和内部环境[13],内部环境包括区域内部创新主体与创新活动相关的环境因素,包括产业环境、创新投入、研发支出等[14];外部环境则更关注环境中除创新主体外其他主体对环境的影响,包括政策制度、基础设施、中介机构等。基于已有文献研究,本文从政策、产业、基础设施、人才教育四个角度剖析三支科技创新团队发展的城市创新环境。

## 3.1 政策环境

在科技创新团队培育发展环境中,城市的政策环境对团队发展的促进作用举足轻重。政策对科技创新团队的支持作用,主要体现在发布政策为相关重点产业的发展予以政策支持,一系列政策文件能够推动科技成果转化、促进产学研协同发展、营造良好的市场环境等。

表1为自2009年以来合肥市政府发布的与量子科技相关政策节选,从政策发布时间以及主要内容可以看出,合肥市政府自“十二五”期间便开始关注量子科技的发展,并关注科技成果转化、产业化发展等问题,这一系列立体全面的政策能够为合肥市的量子产业予以坚实的保障。

**表1 合肥市政府颁布的关于量子相关政策节选(2009～2022年)**

| 时间 | 政策名称 | 主要内容 |
|---|---|---|
| 2009年9月 | 《关于印发合肥电子信息产业发展规划的通知》 | 以市场为导向,以项目为抓手,以提升全市电子信息产业总体水平为主线的发展战略,加大招商引资力度,大力发展优势产品,瞄准国际一流的企业和技术。 |
| 2011年9月 | 《关于印发合肥市工业发展“十二五”规划的通知》 | 把培育战略性新兴产业作为带动全市产业结构优化升级的主攻方向,聚焦新一代信息技术,坚持科技创新与产业化相结合,加强关键技术研发和产业化推广。 |
| 2018年7月 | 《合肥市人民政府关于印发推进工业互联网创新发展实施方案(2018—2020年)的通知》 | 促进行业应用,强化安全保障,培育领军企业,创建示范基地,加快人才培育,形成实体经济与网络相互促进、同步提升的良好格局,持续提升我市工业互联网发展水平,为加快“中国制造2025”试点示范城市建设、打造具有国际影响力的创新之都提供有力支撑。 |

续表

| 时间 | 政策名称 | 主要内容 |
| --- | --- | --- |
| 2020年2月 | 《合肥市人民政府关于印发〈合肥市数字经济发展规划（2020—2025年）〉的通知》 | 围绕合肥综合性国家科学中心，积极推动类脑认知、量子信息、区块链等前沿数字技术突破，依托中国科学技术大学、合肥工业大学、安徽大学、中国科学院合肥物质科学研究院、中国科学院量子信息与量子科技创新研究院等高校和科研院所，以及类脑智能技术及应用国家工程实验室等国家级创新平台，加强人工智能、大数据处理、多源异构数据融合等基础理论研究，聚焦量子通信、量子计算、量子精密测量、自然语言和语音处理技术、自主无人系统、流计算和图计算、网络安全等技术应用领域，开展重点突破。 |
| 2021年5月 | 《合肥市人民政府办公室关于印发"城市大脑"建设方案的通知》 | 充分利用云计算、大数据、物联网、人工智能、区块链、量子信息等新一代信息技术，促进城市数据资源汇聚融合，优化再造政务业务流程，推动城市治理体系和治理能力现代化。 |
| 2022年3月 | 《合肥市人民政府办公室关于印发合肥市"十四五"现代服务业发展规划的通知》 | 积极构建知识创新、技术创新、产业创新紧密衔接和融合共生的创新生态体系，促进科技成果就地交易、就地转化、就地应用，推动数字技术与产业深度融合。 |

在当前"十四五"时期，合肥市针对量子科技领域发展的政策也更为深入具体，合肥市"十四五"规划中提出，"要实施国家实验室建设专项推进行动，创新管理体制和科研组织机制，建立国家实验室服务保障机制，谋划构建全球量子科研论文和科技信息高端交流平台，增强科技创新体系化能力，为提升国家科技基础能力、打造战略科技力量当好开路先锋"[15]。

## 3.2 产业环境

研究与开发活动反映着一个国家、区域或企业在科学技术领域的科技竞争力水平，而企业作为R&D活动中最为活跃的主体之一，不仅是重要的科技创新主体，也是衡量创新环境的重要指标之一，某一区域的R&D企业数量与活跃程度，一定程度上代表了该区域的创新产业环境，R&D企业数量越多，活跃程度越高，该区域的创新产业环境越优良,越有助于科技创新团队在其中的成长与发展。

如表 2 所示,2020 年,合肥市有研究与试验发展活动的企业(R&D 企业)770 家,相比于 2015 年的 532 家,增幅高达 44.74%;并且 R&D 企业占比也从 2015 年的 21.50%上升到 2020 年的 35.85%。

**表 2　合肥市有研究与试验发展活动的企业数量及比重**[①]

| 指标 | 2015 年 | 2019 年 | 2020 年 |
|---|---|---|---|
| 有研究与试验发展活动的企业(R&D 企业)(个) | 532 | 753 | 770 |
| 有研究与试验发展活动的企业(R&D 企业)占全部企业的比重(%) | 21.50 | 36.91 | 35.85 |

根据合肥市统计局的数据,2020 年,合肥市高新技术企业已超过 4000 家,且高新技术企业对生产总值的贡献率也逐年稳步增长。同时,合肥市始终关注新兴产业发展需求,助力突破关键“卡脖子”技术。2021 年,在进行大规模调研和专家讨论后,围绕高端芯片、高端装备、生物医药等重点领域,遴选了 10 个科技重大专项,并聚焦量子科技、人工智能、集成电路等开展共性技术研发和重大科技成果工程化,组织实施了 100 多个科技攻关项目。就量子领域而言,合肥市高新区已是量子科技应用场景和高科技企业培养的主阵地,构筑起成果转化及创新创业高地。目前,合肥市国家高新区累计聚集量子企业 41 家,占了全国同领域企业总数的 1/3,其中量子核心业务企业 15 家,配套企业 20 多家。

优良的城市产业环境对科技创新团队从高校走向市场起到了重要作用,本文研究的三支量子科技团队均在中国科学技术大学内孵化形成,在经过一段时间的成长与发展后,开始进行商业化、产业化的探索与实践,并取得了一定成果,形成了企业科技创新团队。

合肥市加紧布局以量子科技为代表的未来产业,并推进产业链上下游协同,优化并稳定了创新链条,为高新企业发展提供了良好的产业环境,也对科技创新团队的成长与发展起到了重要助推作用。

## 3.3　基础设施环境

基础设施环境是科技创新团队发展的重要基石,能够为团队发展提供物质保障。其中,科研投入是衡量一个区域基础设施环境的重要指标,科研投入力度直接

① 数据来源:合肥市统计局。

影响该区域的科研设备、科研人才、科研经费等的聚集,这些都与最终科研产出及创新成果产出息息相关。

从科研投入来看,2015 年合肥市研究与试验发展(R&D)经费支出为 174.87 亿元,2019 年与 2020 年分别达到 291.76 亿元和 353.48 亿元,五年增长了 102%,其中政府投入资金 2015 年为 58.73 亿元,2019 年与 2020 年分别上升至 71.4 亿元与 94.99 亿元,2020 年政府投入资金相比于 2019 年和 2015 年分别增长了 33.04% 和 61.74%。而合肥市 R&D 占 GDP 的比例一直高于全国水平(2020 年全国 R&D 经费支出占 GDP 比例为 2.4%)。如表 3 所示。

**表 3　合肥市研究与试验发展经费支出情况**[①]

| 指标 | 2015 年 | 2019 年 | 2020 年 |
| --- | --- | --- | --- |
| 研究与试验发展经费支出(亿元) | 174.87 | 291.76 | 353.48 |
| 政府投入资金(亿元) | 58.73 | 71.4 | 94.99 |
| 占 GDP 比例(%) | 3.24 | 3.1 | 3.52 |

从科研产出方面来看,根据合肥市获得国家科学技术奖情况,除去北京、上海等一线城市,合肥市在获奖上属于第二梯队,且自 2015 年来,合肥市主持完成的获奖项目数量比例也逐渐提升,可见合肥市的科技自主创新能力在近五年有极大的提升,如表 4 所示。

**表 4　合肥市获国家科学技术奖情况(2015～2020 年)**

| 年份 | 合肥市获国家科学技术奖情况 |
| --- | --- |
| 2015 | 8 项(主持完成 2 项,参与完成 6 项) |
| 2016 | 12 项(主持完成 3 项,参与完成 9 项) |
| 2017 | 6 项(主持完成 3 项,参与完成 3 项) |
| 2018 | 13 项(主持完成 5 项,参与完成 8 项) |
| 2019 | 8 项(主持完成 4 项,参与完成 4 项) |
| 2020 | 11 项(主持完成 5 项,参与完成 6 项) |

在量子科技领域,也有大量的科技创新产出:潘建伟院士主持研发的“多光子纠缠及干涉度量”获得 2015 年度国家自然科学一等奖,这是中国自然科学领域的最高

① 数据来源:合肥市统计局。

奖,在过去十几年里曾 9 次空缺;郭光灿团队完成的“基于量子信息技术研究量子物理基本问题”项目获得了 2020 年度国家自然科学奖二等奖。

## 3.4 人才教育环境

人才是支撑创新发展的第一资源。本文所指的人才指在当前从事或未来有潜力从事科技创新活动,有知识和能力进行创造性劳动,并为科技创新活动做出实在贡献的群体,主要以 R&D 人员和普通高等学校在校学生数来进行衡量。

R&D 人员主要集中于高校、企业及科研院所,在科技创新团队建设和培育中发挥着重要作用。2015 年至 2020 年,合肥市 R&D 人员数量稳步增长,如表 5 所示。2020 年,合肥市 R&D 人员数量为 96712 人,与 2015 年相比,增长了 32.78%,五年内的年平均增长率为 6%左右。从数据中可以看出,合肥市的科技创新人才已初具规模。

**表 5 合肥市研究与试验发展人员情况**①

| 指标 | 2015 年 | 2019 年 | 2020 年 |
|---|---|---|---|
| 研究与试验发展人员(人) | 72837 | 97331 | 96712 |

截至 2020 年底,合肥市引入从事基础研究、科技开发、工程应用等高端科研人员 2000 余人,其中直接引进量子领域核心技术人员近 600 名。同时,合肥市量子信息基础研究机构“一院三平台”体系已形成:“一院”即量子信息与量子科技创新研究院(已获批国家实验室),“三平台”即合肥微尺度物质科学国家研究中心、中国科学院量子信息重点实验室、中国科学院微观磁共振重点实验室。

# 4 科技创新团队与城市创新环境的作用分析

科技创新团队的成长和发展与城市创新环境的建设完善是相互作用的关系。科技创新团队在形成过程中,需要优良的城市创新环境支撑;而高水平的科技创新团队也将反作用于城市创新环境,使整个城市创新环境愈发趋向于完善。对于科技创新团队与城市创新环境间的相互作用,本文从四组相互作用关系进行分析:在经济发展上相互依赖,在科技创新上相互共存,在文化建设上相互促进,在人才聚集上相互影响,相互作用关系如图 1 所示。

① 数据来源:合肥市统计局。

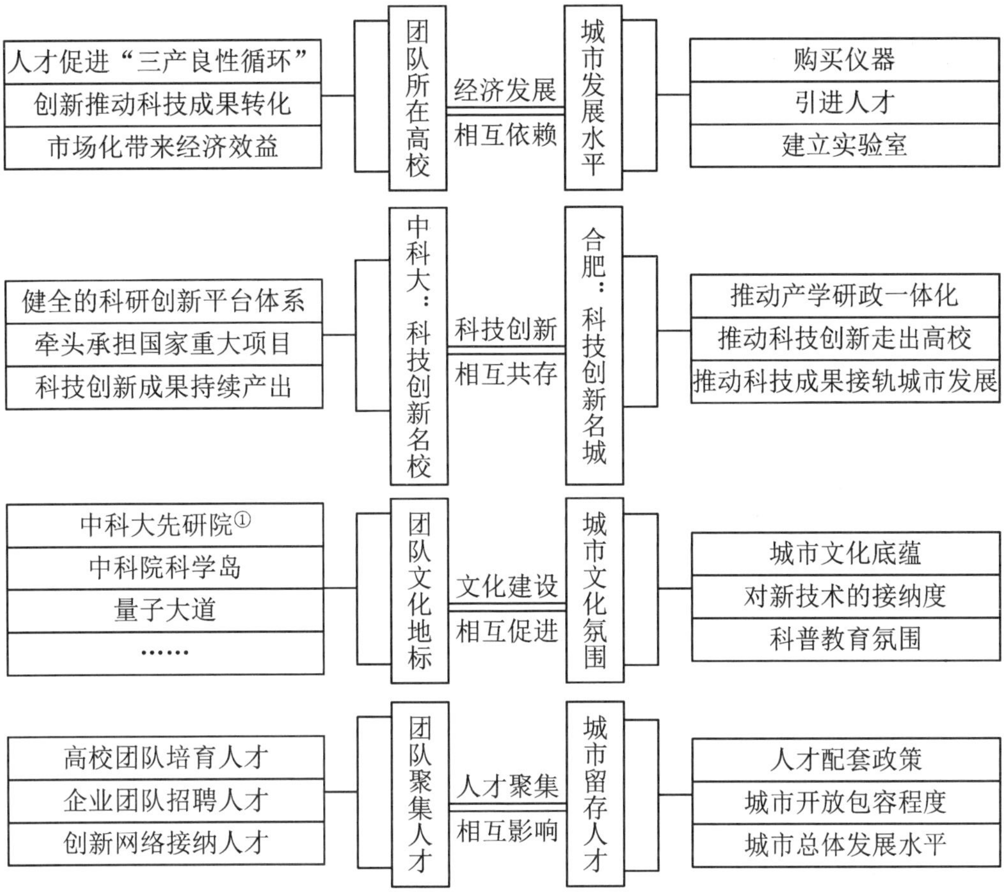


**图 1　科技创新团队与城市创新环境之间的相互作用关系**

## 4.1　经济发展:相互依赖

从城市发展长期效应来看,科技创新团队与城市创新环境之间相互依赖,在经济发展层面尤为显著。

本文研究的三支量子科技创新团队均孵化于高校,而高校本身就能够聚集高质量人才,包括学生与教职员工,他们能为城市产业发展带来强劲动力,推动"三产"的增长,以实现城市产业发展与经济增长的良性循环。具有一定知名度的科技创新团队,能够帮助团队实现创新突破,在实现科技成果转化后,其成果也将最早服务于所在城市,对城市的社会经济发展起到促进作用。合肥市聚集培育了一大批科技创新团队,致力于量子科技这一战略性新兴产业,现阶段已取得了一大批创新成果,如

① 全称:中国科学技术大学先进技术研究院。

“墨子号”量子科学实验卫星、“九章”量子计算原型机等,这大幅提升了合肥市科技创新的整体实力,为抢占产业竞争的制高点和经济与社会发展的制高点提供了坚实的保障。

图2是中国科学技术大学2015～2021年纵向科研项目获批数量与获批经费,这些项目经费主要来源于科技部国家重点研发计划、发改委技术验证及应用示范项目、中国科学院战略性先导科技专项等,也有来自地方的经费支持,如2021年杜江峰团队“高精度电磁测量核心技术装备合肥市配套”项目便获得了安徽省9334万元的经费资助。

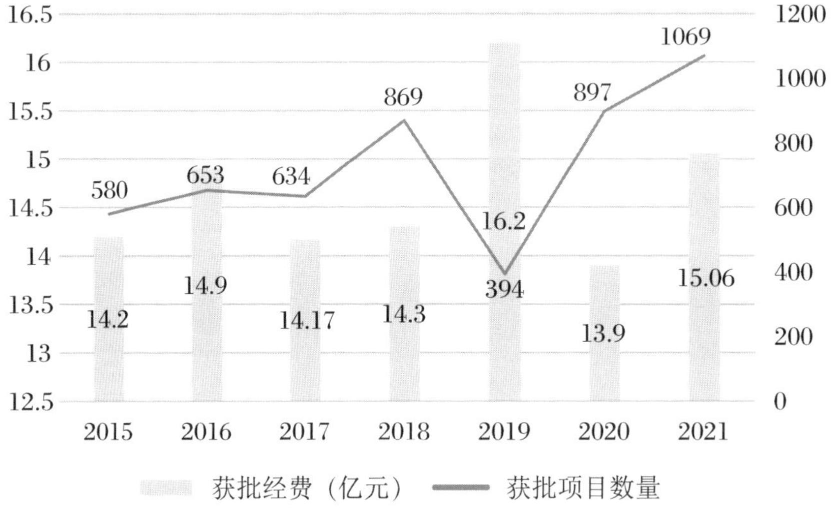


**图2　2015～2021年中国科学技术大学科研项目情况①**

科技创新团队的发展自然离不开经济支持,购买科学仪器、引入科技人才、建立科研实验室等都需要大量的资金投入,国家资助经费与地方科技投入都为科技创新团队的发展注入了强大的动力源泉,为团队发展起到了重要的助推作用。自合肥市获批开展国家创新型城市试点工作以来,合肥市在科技上的投入也步步攀升。2012年至今,10年间合肥市主要创新指标大幅提升:合肥市拥有的高新技术企业从615户增长至4578户,并依然保持着较高的涨幅,力争在2025年突破8000户;财政科技投入占一般公共预算从4%上升至14.2%,全社会研发投入占GDP比重也从2.78%增长到3.52%;吸纳输出技术合同交易总额由88.22亿元增长到866.97亿元。《中国城市统计年鉴》数据显示,2020年度合肥市科技支出为163亿元,全国排名为第六,占一般公共预算支出的比例高达14%,是科技支出比重最高的城市之一。

① 数据来源:中国科学技术大学科研部。

此外,由三支量子科技创新团队孵化的企业——国盾量子、本源量子、问天量子、国仪量子,也能够为城市经济发展带来巨大动力。表 6 为国盾量子 2020 年至 2022 年第一季度营业收入与归母净利润情况。国盾量子归母净利润尚未实现正值,便是因为高额的研究投入,2021 年国盾量子研发投入占营业收入的比例高达 50.81%,同比 2020 年度增加 5.42%。

**表 6　国盾量子营业收入与归母净利润情况**①

| 时间 | 2020 | 2021 | 2022 年第一季度 |
|---|---|---|---|
| 营业收入(万元) | 13414.76 | 17915.36 | 988.98 |
| 归母净利润(万元) | 2948.86 | -3713.62 | -1960.84 |

科技创新团队从高校走向企业,建立起企业创新团队,能够高效推动科技成果走向市场化与商业化。在 2021 年举办的中国(安徽)科交会上,以墨子传信、九章计算等为代表的量子科技领域成果夺人眼球,这些科技成果均为高校科技创新团队与企业科技创新团队的共同成果。这些重大科技成果,不仅是科技创新团队的智慧结晶,也将成为城市创新环境的一部分,能够带来极大的经济效益与社会效益,服务城市的经济发展。

## 4.2　科技创新:相互共存

当前,城市经济增长方式已转向"知识经济",科技创新团队已经成为城市科技创新的重要动力源之一。相当多的科技创新团队是源于高校、成长于高校,高校也是人才培养的高地,聚集了大量的资源,不仅包括资金、设备等,还有知识、智力等资源,后者流动性更强,也能够在培养创新人才、攻关创新成果、塑造创新文化中发挥更为重要的作用,能够为城市科技创新发展贡献强大力量[16]。

中国科学技术大学(简称"中国科大")自 1970 年代初南迁至合肥以来,为合肥市的科技创新做出了积极贡献。合肥市已成为名副其实的创新城市,获得了一系列荣誉:合肥市已跻身全球科研城市榜单前二十、世界区域创新集群百强、国家创新型城市十强、主要创新指标在省会城市中处于第一梯队,综合实力"再攀高峰",这与中国科大有着密不可分的关系,中国科大每年的科研投入、科研产出及科研贡献,在合肥市科技创新大盘中起到了举足轻重的作用[17]。

合肥市的科技创新实力,也受益于中国科学技术大学健全完善的科研创新平

① 数据来源:Wind 数据库。

台体系,该平台目前已基本覆盖全部的学科方向,共建有 11 个国家级科研机构、4 个国家重大科技基础设施和 73 个院省部级重点科研机构。本文研究的三支量子团队,以及合肥微尺度物质科学国家研究中心、中国科学院量子信息与量子科技创新研究院、量子信息与量子科技前沿协同创新中心等单位均为量子领域的顶尖团队或实验室,为科技创新团队的培育以及城市科技创新环境的建设起到了重要作用。

在科技经费上,"十三五"以来,中国科学技术大学科研项目获批经费平均 17.6 亿元/年,牵头承担"863"计划、"973"计划、ITER 计划、国家重大科研仪器研制项目、中国科学院战略先导科技专项等重大项目 130 余项。

以科研成果来说,如图 3 所示,中国科学技术大学 SCI 论文发表情况,无论是在数量还是质量上,在国内高校中都处于领先水平,卓越科技论文、篇均被引次数等指标表现突出。2012～2020 年 9 年间学校 SCI 论文累计被引用 24099 篇,累计被引用 591675 次,平均每篇论文被引用 24.55 次,篇均被引次数连续 10 年保持 C9 高校第一,并在 *Science*、*Nature*、*Cell* 以第一单位发表 10 篇成果。

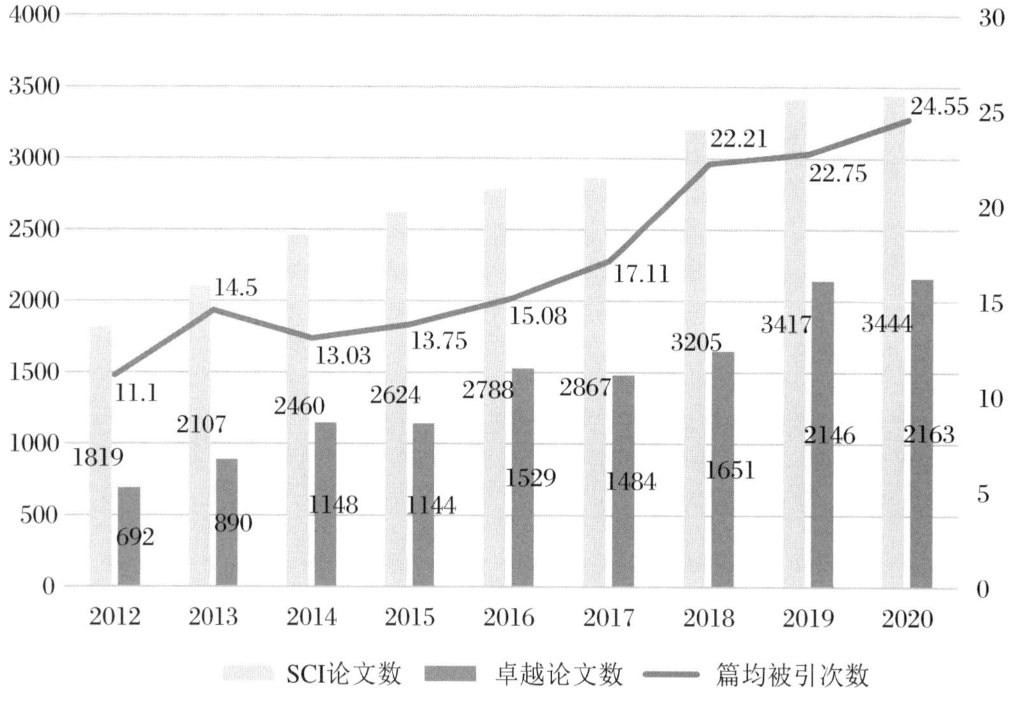


**图 3 中国科学技术大学发表 SCI 论文情况(2012～2020 年)**[①]

① 数据来源:中国科学技术大学科研部。

2000～2020年,中国科学技术大学共获得各类国家科技奖励47项,包括26项国家自然科学奖、16项国家科学技术进步奖(含专项)、3项国家技术发明奖以及2项国际科学技术合作奖。在国际上中国科学技术大学也获得了许多荣誉,在量子科技领域,由英国物理学会发起评选的国际物理学领域十大突破名单,潘建伟团队的成果“多自由度量子隐形传态”为2015年度名单的榜首。

科技创新团队与城市创新环境在科技创新中已形成了相互共存的关系。在发展过程中,企业与高校、政府机构共同组成了相互共存的柔性生产综合体。高校科技创新团队在完成校内科学研究本职工作的基础上,也进一步走出高校走向市场,发展为企业科技创新团队,校企联合,团队的科技创新能力与城市发展进一步接轨。在这一过程中,高校团队、城市企业、政府机构相互共存、紧密联合、共同发展。

## 4.3 文化建设:相互促进

高校与其所在城市的文化建设是相互促进的关系。在城市文化建设的过程中,高校起到了重要作用,高校是一座城市文化传承与创新的主阵地之一,这体现在高校的人才与文化资源能够为城市文化建设提供坚实基础,在城市创新形象塑造、创新活动开展以及学术研究和产业发展升级等方面提供坚实保障,对于城市创新引领有着非常重要的作用[15]。根据《自然》发布的2020年度科研城市榜单,合肥市在全国排名第六,全球排名跻身前二十,评价合肥“非一线城市,一流的科研”,合肥市科技创新文化可见一斑。当前,科技创新文化也已成为合肥市的文化标志,在文化建设的过程中,中国科学技术大学的作用也是功不可没的。

中国科学技术大学先进技术研究院(简称:中国科大先研院)、科学岛、量子大道等地,不仅是中国科大的创新高地,也是合肥市的科技创新文化地标。科学岛是合肥的老牌科创文化地标,也是综合性重点科研基地,拥有30多个国家或省部级重点实验室和研究中心及10多个大型实验平台。同时,也聚集了一大批优秀的科技创新团队及人才,现设有5个博士后流动站、19个博士点和21个硕士点,目前有在校研究生约3100名,有领军人才两院院士、海内外高层次人才、国家杰出青年基金获得者、国家重点研发计划首席科学家、关键技术人才等300余人。

中国科大先研院于2012年落地合肥市高新区,掀开了合肥创新发展的新篇章。科大先研院的建设与合肥市量子科技的发展密不可分,中国科大先研院是按照“省院合作,市校共建”设立的区域产业技术创新研究院,在安徽省政府、中国科学院、合肥市政府以及中国科学技术大学四方努力下建设发展。截至2022年4月,先研院已建设联合实验室63家,孵化企业累计达到254家,其中44家为国家级高新技术企业,引进各类人才累计达到712家,申请专利337项。

合肥市高新区的云飞路,也是合肥市具有科技创新文化的重要地标之一。国盾量子、国仪量子、本源量子等20多家量子科技企业聚集于此,这条道路也被称为"量子大道"。在量子科技领域,一大批的企业科技创新团队诞生于此,2009年,国内第一家量子通信产业化公司落地于此,尽管当时人们对量子信息技术的认知有限,但合肥市政府依然在场地、政策、示范应用等方面予以大力支持,这家公司现在便是人们熟知的国盾量子。经过十余年的发展,这条马路不仅聚集了量子科技领域国内顶尖的企业科技创新团队,在此也诞生了一批量子领域的重大科技成果,包括世界首条量子保密通信"京沪干线"、世界首台超导量子计算原型机"悟源"、中国首款量子计算机操作系统"司南"等。

城市创新环境也会对科技创新团队起到促进作用。城市的创新环境——文化底蕴、包容程度、教育科普环境等,对科技创新团队的孵化起到了促进作用。合肥市尤为注重教育科普环境的建设,大力发展科普产业,成立科普产业联盟,联合企业、科研院所、社团组织等多方力量,汇聚政、产、学、研、用各方资源,扎实开展科学普及工作。城市创新环境中文化的建设,能够营造全社会崇尚科学的良好风尚,为科技创新团队的发展奠定良好的环境基础。

## 4.4 人才聚集:相互影响

城市要在竞争中立于不败之地并不断发展,人才保障是关键,三支量子科技创新团队对合肥市的人才集聚主要是从高校与企业两条路径实现的,而城市创新环境也影响着科技创新团队的人才聚集能力。

一方面,高校对于城市人才聚集影响意义重大,能够聚集大批量的专家、学者、技术人员等,他们都是促进城市创新发展的重要财富。中国科学技术大学在人才聚集上拥有显著优势:截至2020年6月,中国科大拥有62位两院院士,高居华东地区名校榜首;国家万人计划领军人才及教学名师50人,青年拔尖人才20人,国家杰出青年科学基金获得者121人,优秀青年科学基金获得者127人,教育部长江学者(含青年)46人。其中,两院院士领衔的高层次人才不重复统计共有473人,占固定教师总数的36%,青年人才占高层次人才的55%。这些人才得益于中国科大高端科研平台和良好学术氛围的吸引,也得益于中国科大强大的尖端人才培养能力,在源源不断为中国科大发展输送了新鲜血液的同时,也构建起了合肥市高端人才网络。

另一方面,企业科技创新团队也在人才聚集上对城市创新环境的建设起到了重要作用。在量子科技领域,以国盾、本源、国仪、问天4家公司为代表的企业科技创新团队,通过各种形式招纳人才,为合肥吸引了大批量子领域高端人才。本源量子2021年成立了博士后工作站,这是国内量子计算方向第一个获批博士后科研工作站的企业,在致力于量子计算方向博士后培养的同时,推动产学研深度融合,实现了核心技术攻关与科研成果转化,未来将培养造就一批战略新兴产业的高层次人才,这对城市创新环境建设至关重要。

同时,在人才聚集上,城市创新环境与科技创新团队间也是相互影响的关系。高校与企业的科技创新团队可凭借其知名度吸引大量的人才,而城市创新环境则决定了人才是否能够长久留存以实现可持续发展。近几年,合肥城市创新环境的硬实力条件显著提升,这大幅加强了城市的人才聚集能力。在政策环境上,人才引进与激励政策会影响城市留存人才的能力,合肥市于2022年6月16日发布并施行的《合肥市服务人才发展若干政策(试行)》予以高层次人才服务保障政策,对最高层次类别的A类人才,更是“一事一议”“一人一策”“量身定制”予以支持。产业环境与高新技术企业数量及就业机会挂钩,能够为高端技术人才提供适合的就业岗位,京东方、蔚来、比亚迪等一批龙头企业落户合肥,为人才聚集创造了宽阔优良的就业环境。教育环境不仅影响着一个城市人才教育的数量与质量,同时也能够吸引人才进入城市进一步提高城市的教育环境,实现良性循环。合肥依靠一大批高等院校与高科技企业的科技创新团队,在人才聚集上具有良好的基础,一批领军型科学家、高层次人才、高校毕业生汇聚于合肥,现高校毕业生留肥率已达六成,企业也深度参与高校的团队培养工作,培养“学术型+应用型”的复合人才,为城市创新环境奠定了良好基础。

# 5 总　　结

量子科技已成为未来基础科学研究探索与信息技术产业升级的关键发展方向之一,持续加强量子科技领域的关注与投入、优化布局,推动相关科研与产业的迈进已成为全球各主要发达国家和发展中国家的共识。本文以具备典型性的中国量子科技创新团队为研究对象,通过案例分析、追踪访谈、网络分析等方法进行深入分析与归纳,探究科技创新团队与城市创新环境的互动机理。

合肥以政策、产业、基础设施、人才资源等环境的优化支撑量子科技创新团队发展。三支量子科技创新团队在促进中国科大学科建设、培育领域内优秀人才、实现科技创新突破的同时,也为城市创新环境的建设注入创新活力。并且三支量子科技创新团队均孵化了与之研究方向相对应的企业,这些企业产生的经济与社会效益赋能城市经济发展、产业升级、人才发育、文化建设,进而带动城市创新持续发展。

科技创新与城市创新环境之间相互作用,在经济、科技、文化、人才等多个维度都存在双向互动——科技创新团队的形成与发展离不开城市创新环境的支撑,而在团队发育成熟后,也将进一步反哺城市创新环境,构建起科技创新团队成长与城市创新环境完善的良性循环。

# 参考文献

[1] 曾卫明.高校科技创新团队自组织演化研究[D].哈尔滨:哈尔滨工程大学,2008.

[2] 韩雪娇.科技创新团队文化自由与绩效关系研究[D].哈尔滨:哈尔滨理工大学,2021.

[3] 石静,孙建军.科技创新团队的知识网络构建与知识测度研究[J].情报学报,2022,41(9):900-914.

[4] 万涛,大月博司.科技创新团队基于价值链的创新绩效管理[J].科技管理研究,2021,41(8):142-147.

[5] 熊波,金丽雯.国家高新区提高了城市创新力吗?[J].科技进步与对策,2019,36(4):40-49.

[6] 纪祥裕,顾乃华.知识产权示范城市的设立会影响创新质量吗?[J].财经研究,2021,47(5):49-63.

[7] 楚金华,钟安原.智慧城市建设对城市创新力提升的影响研究[J].电子政务,2021(4):16-29.

[8] 于喜展,隋映辉.基于城市创新的产业集群生态系统共生机制研究[J].技术与创新管理,2019,40(1):19-24,43.

[9] 陈松洲.创新型产业集群与创新型城市互动发展机制研究:以广东省汕头市为例[J].南方职业教育学刊,2015,5(4):81-88.

[10] 张志红,王露露,宋艺.营商环境生态如何驱动城市创新绩效:基于创新型城市的模糊集定性比较分析[J].研究与发展管理,2022,34(3):24-40.

[11] 郭檬楠,杜亚光,郭金花,等.国家审计治理与城市创新要素集聚:基于创新环境优化的视角[J].上海财经大学学报,2022,24(2):3-17.

[12] Simmie J. Innovation and space: a critical review of the literature[J]. Regional Studies, 2005,39(6):789-804.

[13] 赵蓉,冯凯丽,袁世一,等.区域高技术产业创新环境组态研究:基于模糊集定性比较分析(fsQCA)[J].科技管理研究,2022,42(11):73-80.

[14] 范德成,李盛楠.产业技术创新环境动态综合评价:以高技术产业为例[J].中国科技

论坛，2020(1)：50-59.

[15] 央广网. 中共安徽省委关于制定安徽"十四五"规划和 2035 年远景目标的建议[EB/OL]. (2020-12-11)[2022-9-26]. https://baijiahao.baidu.com/s?id=1685745600004296994&wfr=spider&for=pc.

[16] 崔明辰，王建国，张蕃，等. 地方高校与城市发展的互动关系[J]. 中国科技信息，2021(7)：101-102，104.

[17] 张军红. 全国人大代表、合肥市市长凌云：心无旁骛谋创新，聚精会神抓发展[J]. 经济，2021(4)：44-45.

# Research on the Interaction between Scientific and Technological Innovation Teams and Urban Innovation Environment: Taking the Quantum Team of China University of Science and Technology as An Example

SHEN Xiaoxuan, ZHU Xiuli, FAN Qiong

School of Humanities and Social Sciences,

University of Science and Technology of China, Hefei 230051

**Abstract** As one of the most active subjects in scientific research, the scientific and technological innovation team plays a key role in making scientific and technological innovation breakthroughs. The development of the team is inseparable from the support of the environment. There is a two-way interaction between the team and the urban innovation environment. This paper anchored the quantum team of the University of Science and Technology of China, carried out follow-up research and related investigation and analysis, and analyzed the interaction between the scientific and technological innovation team and the urban innovation environment. This paper analyzes the new environment of urban innovation from the perspectives of policy, industry, infrastructure and talent education, and explores the interaction between teams and urban innovation environment on this basis.

**Key words** university; team; scientific and technological innovation; urban innovation environment

## 作者简介

沈晓萱,浙江杭州人,硕士研究生在读,研究方向为文化传播、科技传播。

祝秀丽,山东曹州人,博士,副教授,研究方向为文化传播。

范琼,湖南岳阳人,硕士,助理研究员,研究方向为科技政策与科技传播。

# “互联网+”双创大赛:科学教育与科学传播融合的新路径

李　薇　白　宇

南昌大学新闻与传播学院,南昌　330036

**摘　要**　中国国际“互联网+”创新创业大赛不仅是我国推进创新创业教育的一个新举措,而且还是促进高校科学技术成果落地转化的新路径。“互联网+”双创大赛融合科学教育与科学传播的优势,“互联网+”双创大赛既是一种项目导向式创新型科学教育,也是一次面向大众的科学传播活动,对于高校教师、在校大学生和高校管理者都有重要意义。

**关键词**　“互联网+”双创大赛;科学教育;科学传播

## 1 引　言

2015年,首届中国国际“互联网+”大学生创新创业大赛诞生,大赛至今已顺利举办了七届,覆盖了我国内地高校、教育全学段和世界名校,累计吸引了603万个团队2533万名大学生参赛,成功孵化了一批高质量创新创业项目,扩大了就业[1]。作为推动创新创业的“互联网+”双创大赛,为何能够吸引诸多高校师生的注意,是值得我们关注的一件事情。另外,“互联网+”双创大赛属于创新创业教育,也是教育部响应国家创新驱动发展战略的举措,参赛师生需要面向大众传播最新的科技研究成果,进而推动科技成果的转化和落地。科学教育与科学传播是一个跨学科、多学科交叉的领域[2],两者都旨在提升公民的科学素质,实现社会的全面发展。从罗杰斯在20个世纪研究农药的“创新扩散”,到震惊世界的切尔诺贝利事件,再到当前“大众创业、万众创新”的时代,理解科学技术是一项不容忽视的议题,对于我们理解风险和社会运行有着重要作用。而“互联网+”双创大赛为科学教育与科学传播提供一个平台,不同学科的师生群体能够进行互动,探究科学教育新路径,加速科技成果转化,共同致力于实现科技成果的大众化和普遍化传播。所以,应该进一步探讨目前的“互联网+”双创大赛是否真正融合了科学教育与科学传播及其融合方式,厘清该赛事融合科学教育与科学传播的基本逻辑,力图为我国科学教育与科学传播发展提供新思路。

## 2 “互联网+”双创大赛融合科学教育与科学传播的优势

科学教育与科学传播之间的关系是紧密相连的。西方近代教育理论的奠基者扬·阿姆斯·夸美纽斯,在其代表作《大教学论》开宗明义地将教育学阐释为“把一切知识教给一切人的全部艺术”[3]。教育的本质是指教育者以最客观、最公正的意识思维教化于人,使人的思维逐渐成熟、理性,并由此走向理性的自我和拥有正确的思维认知。传播学的创始人威尔伯·施拉姆撰写的全球第一本传播学理论著作《大众传播》,系统梳理了关于“人类的大众传播行为规律”的研究成果,向读者介绍传播过程。教育学将科学传播等同于公众接受知识,而有学者以传播学为基础对科学传播进行定义,即面向广大公众推动科技传播的行为[4]。由此可见,教育学对于科学传播的定义是知识传授的过程,仍属于“把一切知识教给一切人的行为”的教育学总范畴。传播学将科学传播定义为一种传播行为,从属于施拉姆“大众传播行为”研究范畴。以上两种定义都是人类围绕符号进行传播的行为,这种行为还会在一定程度上导致受众或接收者发生某种变化,如接受、理解、习得了知识,或是在认知、态度和行为上发生了变化,但本质上两者指向的是传播者通过信息对受众所产生的影响。

在2000年初,科学教育实践者认为应该在实践中开展参与式科学教育,因为那时的教育领域已有参与式教育的理念[5]。2009年,美国出版了《在非正规环境学习科学——人物、场景和追求》一书,总结了参与式科学教育的实践特征与规律。正如学者杜威所提到的,“兴趣是日益发展的力量的信号和象征”。所以科学教育不是将外部压力或他人意志强加于学生,而应充分尊重个人意愿,激发学生真正的兴趣,才能够发挥其应有的优势。在科学传播的实践中,已出现了科学家与公众共同参与的公民科研项目,诸如公众参与观鸟类活动、邀请普通天文爱好者记录观测数据。科学教育与科学传播两者的属性与实践已经显示出通过参与或互动来实现科学知识传授的新形式,构建关于科学的共识,以及打通两者隔阂,实现融合的可能性,恰恰“互联网+”双创大赛为融合科学教育与科学传播提供了机遇,主要体现在以下三个方面:

第一,对于高校教师而言,“互联网+”双创大赛整合了高校的多学科学习资源,为跨学科交流提供了平台,助推科学教育与科学传播发展,还加速了科技成果转化。高校教师通常是精耕于自己所在的领域,跨界学习的渠道并不多,与业界的交流也不多,因而严重制约科研成果的推广与转化。但是在“互联网+”双创大赛的备赛和比赛中跨专业学习,能够习得先进的科学教育方法,提升科学教育质量。诸如,“互联网+”双创大赛不仅推广了项目导向式学习(Project-based Learning,PBL)教学方法,而且该赛事本身就能够满足教师实施高质量PBL项目式教学所需的全部要素。同时,“互联网+”双创大赛融合科学教育与科学传播的优势,创造了内外部结合的评价机制,更有利于直接将科研成果与市场需求对接,提升科技成果转化效率。

第二,高校学生能够得到和拥有参与到科学研究与传播过程的机会,提升自我的科学素养与科学传播能力,更有利于实现自我的全面发展。能力是个体执行或实践某种行动的技巧,也是保证个体顺利完成某一活动必要的心理特征。其中实践能力能够保证个体运用所学知识和技能解决实际的问题,对整个问题的进程起着调节控制的总和作用。传统的应试教育已然不适用于学生的全方位发展,但“互联网+”双创教育中“以问题为导向”的PBL项目式教学符合当前信息时代的教育,对于学生而言,也是一种高效的学习方法。正如曼海姆所创立的知识社会学所言,任何个体的观念需要放在其产生的社会集体中审视,因为其会随着时间和空间变化而改变[6]。如果每个人都以先入为主的视角,或依赖已有知识来思考问题,那么就会受到“视角”和“思维”的制约,得到的仅是一些事物的局部,也无法获得任何可靠的意义。学生在“互联网+”双创大赛中可以从一个市场需求问题出发,在寻求解决方案时,不断重构自我、知识与社会之间的关系。例如,在2020年南昌大学“国赛”①金奖“气炭创循”和2021年南昌大学“国赛”银奖“星火光伏”项目中,包含了跨学科和本硕博各层次的学生,项目每推进一步都能激发学生的思考,将专业理论知识与实践进行融合,理论不断在实践中被检验,应用能力最终得以提升。这种学习模式也从传统单一的教室课堂转向校园、企业和社会。换言之,从“课堂本位”转向“实践本位”,学生能以“主体”的姿态参与到项目之中,享受思想火花的碰撞,在真实的社会存在中找寻解决问题的答案,提升综合能力,探索更多的自我可能性。

第三,作为科学教育与科学传播融合平台的“互联网+”双创大赛,也促使高校构建出一套适应现代化发展的科学教育体系,探索出一条培养文理交叉创新型人才

① 这儿的“国赛”是指由教育部主导,地方政府及多部委联合协办的中国国际“互联网+”创新创业大赛,简称“双创大赛”。

的新路径。在“互联网+”双创大赛中，科学教育与科学传播始终与科技创新成果保持着密切联系，既需要项目老师教授学生科学知识和科学技术等内容，同时又需要面向大众进行科学传播，进而才能提升科技创新成果转化率。因此，高校可以借助“互联网+”双创大赛这个平台，进行积极的探索，尝试构建出一套完备的科学教育体系，才能够真正将创新性人才培养落到实处。例如，高校可以通过引入业界和高校内不同专业的人共同参与进来，为各种创新科学技术提供一个展示、交流和转化的平台，使得“互联网+”双创大赛作为单一比赛的定位变得模糊，赋予其更多的社会责任。在科学技术带给我们诸多便利的同时，也印证了贝克讨论风险社会时的一种悖论，即生产力与技术不断发展没有带给我们理想的生活，反而带给现实世界诸多不确定的风险。因此，要降低技术带来风险的方法是人的干预，要突显人文精神的导向作用，既要提出问题，也给予药方和解决方案。高校可以借助“互联网+”双创大赛搭建专家与公众交流的平台，既能够帮助公众理解科学技术，降低风险社会的副作用，实现科学传播与科学教育的供给侧改革，还能够实现其教育使命，创新全新人才培育路径。

# 3 “互联网+”双创大赛是一种项目导向式科学教育

科学教育是指对受教育者进行规范的、系统的科学知识传播和科学技能培训[7]。12 世纪科学教育从欧洲兴起，17 世纪开始教授自然科学知识，直至 19 世纪英国“新大学运动”的出现推动了科学教育的现代化发展。当代的科学教育是 STEM 学科的一种综合性与交叉性教育体系。在 1986 年，美国国家科学委员会在《本科的科学、数学和工程教育》报告中首次提出科学(Science)、技术(Technology)、工程(Engineering)和数学(Mathematics) 的集成，标志着 STEM 教育的开端。STEM 教育主张跨学科教育，以复合型知识体系解决社会问题[8]，强调基于项目和问题、在做中学和真实情景下的教育模式。美国每年毕业的 STEM 学士与副学士约有 30 万人，但美国官方仍强调要继续增加 STEM 大学毕业生人数[9]。在芬兰的 STEM 教育中，从课程、师资、教学环境等方面都体现了以大学为主导的特征[10]，说明了大学 STEM 教育的重要作用，其是衔接整个 STEM 教育的核心部分，对于现代化教育体系建设和增强国家竞争力都具有重要作用，同时这也为我国大学 STEM 教育发展指明方向。目前，在我们的大学教育中也出现了一些积极的探索，诸如 MOOCs、微课堂、翻转课堂、项目式教学等，促使学生通过团队协作的形式来解决问题、习得知识和完成项目，在真实情境中实现“做中学”的教育目标。总的来说，大学 STEM 教育是为了培养具有复合型素养人才的跨学科教育形式，致力于推动社会发展和提升国家竞争力，在现代社会发展中有重要意义。

“互联网＋”双创大赛鼓励不同学科的老师和学生组建合作团队，注重向大众传播科学知识，推动原创科技成果落地转化。参加该赛事的团队成员需要在不同学科老师的指导下不断学习跨学科知识，与不同专业的同学共同合作，并通过实践的形式发现问题、解决问题，最终实现创新。该赛事的跨学科性、创新性、和实践性，需要参赛者紧密联系科学知识与文化、伦理、经济和政治之间的关系[11]，注重跨学科互动、知识与经验的整合、理论和实践的结合。此外，“互联网＋”双创大赛实际上为我国高校人文社科与自然科学学科的交流提供了一个平台，因为科学教育和科技成果转化并不是技术与技术、数据与数据的对话，其中需要人的中介化，才能实现意义的传递。诸如，一些获奖项目的成员构成就突显了跨学科特征，不仅包括了化学、计算机和信息工程等专业的学生，还有社会学、汉语言、英语和新闻传播等专业的学生，不同专业的学生共同凝聚在这个跨学科合作的平台。该赛事就为科技成果转化和科学知识普及提供了渠道，赋予其进行更广泛传播范围的可能性。正如贝尔纳所说，“就科学而言，教育的目的是要保证大家不仅从现代知识的角度对世界有全面了解，而且能懂得和应用这种知识所根据的论证方法[12]。”

同时，“互联网＋”双创大赛要求项目具备“创新性”，即参加“互联网＋”双创大赛的项目是原创性科技成果，其中“创新性”部分属于技术前沿，需要借助大量的科研工作才能实现，以及整个备赛过程都突出了解决问题和项目导向的特征。因此，参赛队伍的指导老师往往会在科研和整个参赛过程中采用前述的项目式教学（Project-based Learning，简称 PBL）模式。PBL 起源于 20 世纪 50 年代的医学教育，即通过实施一个完整的“项目”来开展教学活动，在老师的指导下，以小组的形式来解决真实的、跨学科的问题[13]。PBL 是一项系统工程，包括项目前、项目中和项目后三个阶段，都以学习者为中心，培养和发展学生解决实际问题的能力，将理论和应用结合起来学习，全面提升个人能力[14]。教师在教学过程中起到咨询、指导与解答疑难的作用。但由于这种教学方法需要满足教师角色转化、解决真实问题的项目、全新的教学流程这三大基本要素，并且会打破我国传统课堂教学的基本规则，所以短时间内的全面推广还是一项较为困难的工作。教育部大赛通知文件将“以赛促创，搭建产教融合新平台”，界定为“互联网＋”双创大赛三大功能之一，即“互联网＋”双创大赛的本质属性就要求其必须以切实可行的教育方式来推动实际问题的解决。从七届“国赛”获奖项目统计结果可知，科研转化项目比例高达 97.5%，全国总决赛便成为全国高校进行科学教育与推广创新性科技成果的活动。此外，“互联网＋”双创项目的起点就是找到市场需求，赋权于学生，通过团队合作来解决问题，借助市场调研等实践活动与业界接轨，能够满足项目导向教学的基本要求。因此，在整个赛事中学生们带着寻找科技成果转化的目的,从真实应用场景出发,在实践调研中不断理解原创科技成果的经济价值与社会价值,不同专业的学生在探索项目商业模式过程中,全面解构原创技术的理论基点,进而在实践中完成对科学知识、原理和技术的认知,实现理论与实践的结合。

## 4 "互联网+"双创大赛是一次面向大众的科学传播活动

1958年发布的《公众理解科学》报告提出,公众理解科学对于整个国家而言极为重要,公众能够理解风险与不确定性,也是理解科学的重要组成部分。综合国内外科普、科学传播的理论与实践,科学传播可以概括为三种典型模型,即中心广播、缺失模型、对话模型[15]。纵观我国科学传播的实践与理论研究,学者开始注意到一些科学传播模式的缺陷,批判科学共同体对科学解释的垄断权[16],主张公众共同参与和相互对话。对于科学传播而言,保障公众参与权和对话权既能调动公众参与的积极性,也有利于科学知识的传播,是较为理想的传播模式。

中国的科学传播有政府提倡或推动的传统,承担着提升公民素质与宣传国家科技成果的政治使命,有国家行政力量的强力支持[16]。2016年,习近平总书记在全国科技创新大会、两院院士大会、中国科协第九次全国代表大会上的重要讲话中指出,"科技创新、科学普及是实现创新发展的两翼,要把科学普及放在与科技创新同等重要的位置。"在我国,学界和业界也都极为重视科普事业的发展,关注政府出台的相关政策、科技宣传机构和具体的科学传播实务,积极为我国的科普发展建言献策,致力于推动我国科普工作朝着更好的方向发展。之所以科学普及被提到前所未有的重要位置,是因为我国科普工作仍处于初级阶段,以及科技创新的发展与落地转化需要借助科普进入大众视野,进而才能够加快科技成果的落地。2022年9月,国务院办公厅印发了《关于新时代进一步加强科学技术普及工作的意见》,指出要发挥科普对科技成果转化的促进作用,在遵循安全保密许可前提下,鼓励科普工作者面向公众科普前沿技术成果,引导社会正确认识和使用科技成果,让科技成果惠及广大人民群众[17]。

"互联网+"双创大赛正是由教育部主导,地方政府及多个部委联合协办,同时该赛事改变了传统的评审规则,即评审工作主要由企业家及投资人等非高校专家负责,让企业家或投资人听懂科学专业知识就需要借助科学传播来实现。受众不再是拥有专业知识背景的同质化群体,而是具有显著异质性的其他群体,需要高校科技工作者掌握专业术语与通俗语言之间的转化技巧,理解话语符号在能指与所指之间的重要中介作用,必要时通过隐喻来实现科学专业知识的通俗化,使得传播内容既能够适合专业群体,又能够流向普通大众。换言之,“互联网+”双创大赛为传播科学知识、原理和精神搭建了一个平台,但在传播过程中需要传播者传递受众能够“解码”的符号,才能最终实现传与受之间意义的共通。科学传播者借助新媒体技术和人际传播渠道进行科学知识与技术成果的双向传播过程,不仅包含了传播者试图让公众认知、理解、接受并运用科学知识,还邀请公众共同参与科学传播进程、与科学家平等对话和思想上融入科学的发展。也就是说,该赛事中的科学传播属于公众参与模型,它旨在强调双方的互动式传播,赋予受众群体更多的自主性,在传者的启发或引导下形成对科学知识、概念和应用的自我认知。对比“缺失模型”,可以清楚地看到“互联网+”双创大赛并没有颠覆科学本身的地位,忽视公众与科学家之间的知识差距,而是积极借助物理空间或虚拟空间进行参与互动,帮助受众掌握和学习科学,在思想上融入科学的发展,打破由科学知识不均等带来的权力窠臼。

“路演”通常是当下企业为了推广产品或融资时所采取的一种对外传播活动,其实质也是面向普通大众的传播过程,而“互联网+”双创大赛的出现使得“路演”发展为一项常规性项目排练或预演形式。一方面,正如尼葛洛庞蒂所言,计算不再只和计算机有关,它决定我们的生存。“互联网+”双创大赛的定位与尼葛洛庞蒂的预言是相似的,借助互联网技术融合一切,打造“互联网+”创新、“互联网+”创业、“互联网+”教学、“互联网+”产业等新业态,推动科学技术成果转化,实现产教结合的教育目标。为了推动项目落地,项目团队运用新媒体技术进行线上或线下的对外传播活动来吸引潜在目标群体,不断打磨和调整项目产品的传播方式,以期最终实现入声入耳的传播效果。另一方面,在科学技术成果转化的竞争中,原创科技成果是核心竞争力,如何将其传播出去,增加传播音量,提升传播效果,是不容回避的议题。同时,由于“互联网+”双创大赛项目的目标对象是市场,反过来也要求项目成员必须以实践的形式来验证原创科技成果的应用场景和价值,并找寻适配的传播方式。换言之,他们的科学传播不依赖于书本知识、教授和科学家的解释,而是以团队成员的自我实践活动为基础,将科学知识与实践经验有机结合起来的传播过程。如何将“原创”讲明白、讲透彻是更为重要的内容,不只是专业术语与通俗话语之间的转化,更要大量的科学传播实践经验来检验。项目成员通过“路演”的形式来选择不同场景和受众进行模拟比赛,邀请在场者体验项目产品,与他们互动来挖掘项目潜在的吸引点,能够提升传播效果。

# 5 结　语

“互联网＋”双创大赛在地方政府、高校、企业之间搭建了一种科学传播与科学教育融合的新路径。“互联网＋”双创大赛融入了科学教育与科学传播，其不仅是一种项目导向式创新型科学教育，也是一次面向大众的科学传播活动。赛事的参赛团队、评审规则、受众群体都推动着科学教育与科学传播的融合，既能够探究跨学科科学教育的新方法、新形式和新逻辑，也能够赋予师生团队共同合作的新平台、新机遇和新路径，进而推动科技成果转化。高校教师可以以该赛事为契机，探索科学教育与科学传播的新发展形式，加速科技成果转化速度。高校学生能够参与到科学研究与传播过程，提升自我的科学素养与科学传播能力，更有利于实现自我的全面发展。高校管理者可以以此为契机，打造出一套适应现代化发展的科学教育体系，优化教师的绩效考核制度，增加对“互联网＋”双创大赛孵化项目的扶持力度，打破传统教育“老套路”的窠臼，积极回应社会关切，为科学传播与科学教育的持续发展贡献力量。在未来，政府需要加强保障“互联网＋”双创大赛运行的顶层设计，完善创新科技成果的规章制度，加大对赛事的财政支持力度，设置相应的奖励机制，进一步调动高校师生和企业参与的积极性，提升“互联网＋”双创教育在科学教育与科学传播中的重要作用。

# 参考文献

[1] 中国新闻网. 逾900万人次报名第七届“互联网＋”大学生创新创业大赛[EB/OL]. (2021-10-09)[2022-11-13]. https://www.chinanews.com.cn/sh/2021/10-09/9582537.shtm.

[2] 贾鹤鹏，苗伟山. 科学传播、风险传播与健康传播的理论溯源及其对中国传播学研究的启示[J]. 国际新闻界，2017，39(2)：66-89.

[3] 张宏兴. 回归教育的真谛：读《大教学论》有感[J]. 时代教育，2014(23)：105.

[4] 杨文志. 吴国彬：现代科普导论[M]. 北京：科学普及出版社，2004.

[5] 贾鹤鹏. 谁是公众，如何参与，何为共识：反思公众参与科学模型及其面临的挑战[J]. 自然辩证法研究，2014，30(11)：54-59.

[6] 卡尔·曼海姆. 意识形态与乌托邦[M]. 黎鸣，李书崇，译. 北京：商务印书馆，2000.

[7] 孙宇，张园. 科学传播、科学教育与全民科学素质培养[J]. 学术界，2012(5)：134-142，287-288.

[8] 余胜泉，胡翔. STEM教育理念与跨学科整合模式[J]. 开放教育研究，2015，21(4)：

13-22.
[9] 赵中建.STEM:美国教育战略的重中之重[J].上海教育,2012(11):16-19.
[10] 沈伟,杨悦宁."合作创造更多":芬兰 STEM 教师教育的供给主体与协同机制[J].高等教育研究,2021,42(12):101-109.
[11] 魏冰.科学史、科学哲学和科学教学[J].比较教育研究,1999(3):53-55.
[12] J.D.贝尔纳.科学的社会功能[M].陈体芳,译.北京:商务印书馆,1982.
[13] 崔靖靖.基于教育生态学视角的大学英语 PBL 教学模式创新研究[J].教育探索,2020(6):53-57.
[14] 顾卫星,叶建敏.基于项目学习的大学英语中华文化教学探索:以"中国地方文化英语教学"课程为例[J].山东外语教学,2017,38(4):27-36.
[15] 刘华杰.科学传播的三种模型与三个阶段[J].科普研究,2009,4(2):10-18.
[16] 贾鹤鹏,闫隽.科学传播的溯源、变革与中国机遇[J].新闻与传播研究,2017,24(2):64-75,127.
[17] 中共中央办公厅　国务院办公厅印发《关于新时代进一步加强科学技术普及工作的意见》[EB/OL].(2022-09-04)[2022-11-13].https://www.dutenews.com/tianxia/p/7031762.html.

## "Internet +" Innovation and Entrepreneurship Competition: A path of Integration of Science Communication and Science Education

LI Wei, BAI Yu
School of Journalism and Communication,
Nanchang University, Nanchang 330036

**Abstract** The China International "Internet +" Innovation and Entrepreneurship Competition is not only a new measure to promote innovation and entrepreneurship education in China, but also a new path to promote the implementation and transformation of scientific and technological achievements in colleges and universities. The "Internet +" Mass Entrepreneurship and Innovation Contest integrates the advantages of science education and science communication. The "Internet +" Mass Entrepreneurship and Innovation Contest is not only a project oriented innovative science education, but also a science communication activity for the public, which is of great significance to college teachers, college students, and college administrators.

**Key words** "Internet +" Innovation and Entrepreneurship Competition; science communication; science education

## 作者简介

李薇,南昌大学新闻与传播学院副教授,研究方向为科学传播。

白宇,南昌大学新闻与传播学院传播学硕士研究生,研究方向为传播理论。

# 计算机模拟的项目式学习单元设计框架

徐奇智　涂娟娟

中国科学技术大学人文与社会科学学院，合肥　230051

**摘　要**　项目式学习是新兴科学教育的重要模式，近年来成为学习科学的重要研究领域，但在中国的发展却举步维艰，一方面受制于我国的教育国情，另一方面囿于传统项目式学习存在的问题。在在线教育发展的背景下，计算机模拟的项目式学习课程为弥补传统项目式学习课程的不足，达到指向素养教育的目标提供可能。文章从计算机模拟设计单元的步骤出发，明确设计者、学生、技术在每一步骤中的作用，从模型设计维度、交互设计维度以及评价设计维度三个方面分析项目式学习课程的计算机模拟单元的设计，应遵循的原则及注意的问题，为更好地实现项目式学习的目标提供指导。

**关键词**　计算机模拟；项目式学习；设计框架

## 1　研究背景

项目式学习（Project-Based Learning，PBL）是一种教学方法，学生通过积极参与现实世界和对个人有意义的项目来学习[1]。它是一种以学生为中心的教学方法，学习过程围绕某个具体的学习项目，通过某个引发学生好奇心的感兴趣话题，组织学生探究、调查和解决问题，通常项目式学习的项目是以现实产品或项目展示为最终环节，通过项目展示，学生运用了沟通技巧、协作技巧和创新技巧[1]。PBL 教学方法已被广泛用于科学、工程、设计等领域的教学[2]，其价值毋庸置疑，但在我国中小学中却开展得举步维艰，主要原因包括评估体系、分科教学、设计难度、共享难度等。

首先，我国学校更多的是以学业成就为导向，通过事实性的知识和技能训练来帮助学生获取尽可能高的考试成绩，分数与教学时间之比是一个重要的考量标准。

而PBL更注重可迁移能力的培养,在同样的教学时间内,学生考试分数的提升并不明显,因此需要另外一套合理的评价体系。

其次,我国中小学课程形态以分科制为主,教师也以分科教学培养,专精于数学、物理、化学、生物、地理其中某一学科,限制了PBL这样需要跨学科学习的教学方法的应用。新型科学教师的培养需要相当的时间,师范院校科学教育专业历史较短,尚未培养出足够的合格人才。

第三,PBL课程设计难度大,往往需要通过提出有价值的主题来整合不同学科领域的知识,让学生在一个连贯的、相联系的、有意义的情境中习得学科知识与技能。这对设计者而言是非常具有挑战性的任务,不仅需要知识的储备还需要有能力将知识放入情境中,设计一套PBL课程需要多次打磨、修改、实践,耗费时间精力。

第四,PBL课程的教学资源难以共享,设计好的课程通常也只能供师生小范围的线下使用,受制于教师水平和教育资源的不均衡,难以将整套课程提供给全国各地的师生共享。

因此,为了在我国能够让更多中小学生受益于项目式学习,培养21世纪必备技能,我们需要这样的PBL课程:

(1) 专为培养创新思维、协作能力、批判性思维等可迁移能力而设计;

(2) 能够适应当前教育体系,可嵌入到学校课堂中;

(3) 能够提供包括过程性评价在内的多种评价体系;

(4) 能够以尽量低的师资要求完成教学;

(5) 便于复制推广。

因此,本研究旨在通过实际案例分析,在原有PBL课程设计框架、原则与规范之上,提供一种全新的计算机模拟的PBL课程设计方法,为学习科学研究者、教育技术开发者和一线教师提供参考。

# 2 计算机模拟项目式学习的基本设计框架

计算机模拟的项目式学习(Computer Simulated Project Based Learning,简称CSiPBL)的目标是创设一个计算机模拟的学习环境,学生可以在其中完成项目式学习课程,其核心依旧是项目式学习。因此,CSiPBL依旧应当遵循传统的PBL设计框架与原则,并根据计算机模拟下的情境与学习目标进行优化和调整。

## 2.1 传统项目式学习的设计框架综述

项目式学习的界定多种多样,在其发展历史中也有不同机构和学者围绕其定义提出各种设计框架。巴克教育研究所(Buck Institute of Education,BIE)曾在2010年提出由7个要素组成的PBL模型,随后增加了"核心知识"将其扩展为8个要素。资深研究员Mergendoller[3]在综合过往文献后提出,高质量的PBL应当至少具备6个要素:智力挑战与成就、真实性、公开的产物、协作、项目管理、表达。

进行项目式学习课程的框架设计是项目式学习成功开展的必要一环。Thuan[4]认为项目式学习应该包含以下几个步骤:确定主题、确认最终的项目产物、组织项目、收集信息、教师帮助构建支架并提供资源、学生完成作品、作品展示、项目评价。Nizwardi Jalinus等[5]给出项目式学习模式的7个步骤,包括:① 制定预期的学习成果;② 理解教材的概念;③ 技能培训;④ 设计项目主题;⑤ 提出项目建议;⑥ 执行项目任务;⑦ 提交项目报告。Nizwardi Jalinus认为这7个步骤在提高学生生产能力方面具有有效性。Moshe Barak[6]认为项目式学习通常被描述为包括5个主要阶段:① 发现问题或需求;② 调查;③ 设计工艺装置;④ 建设和故障排除;⑤ 进行评估。

我国关于项目式学习设计研究大多集中于大学及中小学的教育中,对于不同类型的课程,项目式学习课程的框架有细微的差异。胡磊[7]将项目式教学应用于大学体育课中,从学习者职业需求出发进行课程设计,形成了"提出问题、选择伙伴、资料搜集、探讨问题、反复练习、动作展示和项目评价"的学习流程。中小学的项目式学习应用更为广泛,茆婷婷[8]将项目式学习应用于语文学科,设计了"绘本故事创作"项目,从跨学科的角度设计了包含"项目启动、项目方案设计、项目实施与评价总结"等环节的教学设计。张思琦[9]将项目式学习与小学数学结合,充分分析学习者、学习内容后,设计了"确定目标、计划制定、活动探究、制作作品、成果交流、总结评价"的教学流程。

## 2.2 CSiPBL概念与特点

与CSiPBL相近的概念包括计算机支持(Computer Supported,CS)和计算机辅助(Computer Assisted,CA)下的项目式学习。三者的共同之处在于都大量利用计算机和网络通信技术,但在计算机如何参与学习过程上完全不同,因此学生学习过程对计算机技术的依赖程度也不一样。

在CS与CA中,计算机充当教学的辅助性角色。它可以成为教学内容的载体,比如教师利用PowerPoint进行教学内容的演示;或者对学习任务进行重新设计,利用互联网、软件程序等上传图片和视频,对学习主题进行知识建构;或者成为学习的工具,可以利用计算机查阅资料,阅读文献,做笔记等等;或者利用计算机和网络跨越空间的限制,让学生通过软件进行交流协作,使得异地的协同学习成为可能。

而CSiPBL把技术应用于学习任务的水平得到了进一步的提升。与CSiPBL或

CAPBL 下的学习相比,计算机模拟的目标在于创设一个包括核心知识、驱动性问题、认知策略在内的完整学习情境,而非仅仅对学习实践提供辅助性支持。计算机提供了包括教学环节组织、知识传授、学习环境建构、成果评估与分享等多方面的支持。学生主要通过与计算机的交互完成整个项目式学习过程(计算机主导学习过程),而非在教师的组织下完成学习过程(计算机在此过程中提供辅助功能),完整的学习过程发生在计算机模拟系统当中,对于计算机的依赖程度更高。这也意味着,它相较于 CSiPBL 和 CAPBL 而言,计算机技术与教学融合的程度更深,开发难度更大。因此,我们必须针对计算机模拟情境对 PBL 设计框架进行调整。

## 2.3 优化后的 CSiPBL 设计框架

优化后的 CSiPBL 设计框架中计算机成为每个环节中不可缺少的部分,每个环节的设计必须考虑能否合理地在计算机模拟中完成,或者采用计算机模拟促进课程学习。如图 1 所示,设计框架主要分为三个维度:教学设计维度、模型设计维度和交互设计维度、评价设计维度。教学设计维度中包含 3 个步骤:① 寻找核心知识;② 转化为驱动性问题;③ 确认项目的认知策略。要将课程目标知识转化为可在计算机中操作的,具有吸引力的问题。模型设计与交互设计维度中,包含的是确认主要的学习实践这一步骤,也是 CSiPBL 单元中学生的主要操作环节,需要采用科学的模型来表现知识,在科学模型的基础上与学生进行交互。良好的交互设计能促进人

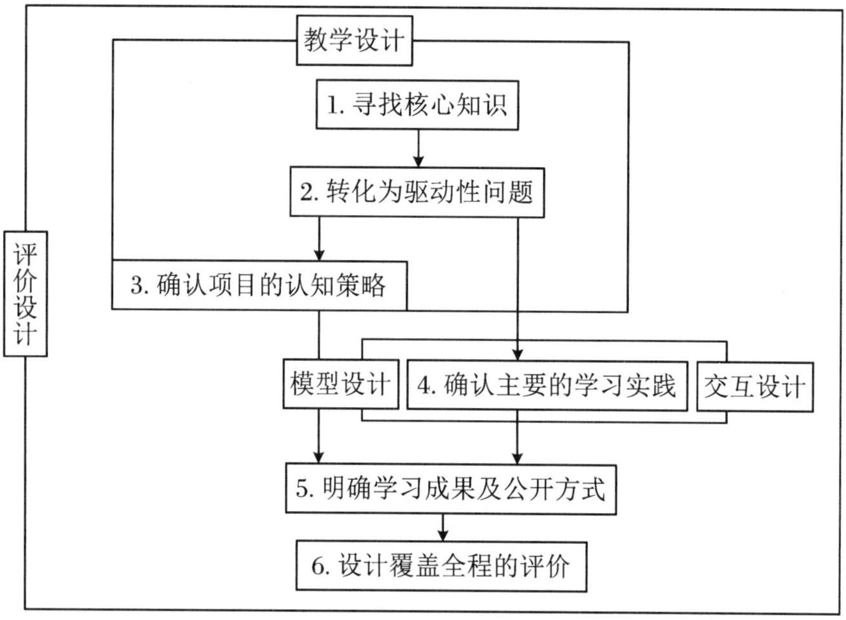


图 1　优化后的 CSiPBL 单元设计框架

机交互和人与内容交互，帮助理解课程内容，提升学习体验。评价设计维度包含成果评价与过程评价。成果评价是对课程产出物进行评价，可以是同伴互评、老师评价、自我评价；过程评价则是依靠计算机所收集的数据，通过数据反映的学习成果进行全程的客观评价。

# 3 项目式学习计算机模拟单元设计步骤

计算机模拟的项目式学习是一套设计好的完整的学习课程，整套课程的核心过程需要进行精细化的设计，将计算机模拟的项目式学习的脉络清晰呈现。学习单元(Unit)是 CSiPBL 课程组成的基本单位，每个单元可以看作传统课程中的一堂课，教学时长也与传统课堂中的课时基本对应。具体包括 6 个核心步骤：寻找核心知识、转换为驱动性问题、确认项目的认知策略、确认主要的学习实践、明确学习成果及公开方式、设计覆盖全程的评价。这 6 个步骤既是整套学习课程的设计步骤，也是学习单元的设计步骤。以往的项目式学习强调教师在其中的功能与作用，而在CSiPBL课程中，更注重设计者与计算机技术的作用，在每一步骤中，对课程设计者、学生的活动与行为都有不同的要求，在每一活动中所应用的技术支持也有所区别。如表 1 所示，为明确活动要求和技术支持的差异，本文将分析设计者、学生、技术三者在每一步骤中的不同要求，以期对项目式学习的课程设计提供一定的指导。

**表 1　项目式学习计算机模拟单元设计步骤**

| 步骤 | 设计者 | 学生 | 技术使用 |
| --- | --- | --- | --- |
| 寻找核心知识 | 围绕课程目标梳理知识点 | 了解项目，明确学习目标 | 思维导图等 |
| 转换为驱动性问题 | 围绕问题创设情境 | 围绕情境，获取信息 | 多媒体技术 |
| 确认项目认知策略 | 将程序性、事实性的知识贯穿在概念性的知识中 | 交流协作，探索解决问题 | 信息搜索技术、实验模拟技术 |
| 确认主要的学习实践 | 模型设计，界面设计 | 交流协作、实验、信息浏览 | 信息搜索技术、交流协作技术、认知工具 |
| 明确学习成果的公开方式 | 成果公开方式设计 | 汇报展示 | 多媒体展示工具、网络平台互动评价工具 |
| 设计覆盖全程的评价 | 制定评价标准，项目评定 | 总结反思 | 算法 |

寻找核心知识。项目式学习的起点是寻找核心知识,需要设计者对课程教材的知识点进行梳理,围绕课程目标,将关键知识点连接起来层层深入,做到当知识点嵌入进课程中时,能够循序渐进地引导学生学习。在这一过程中,对学生的要求是了解项目需要解决的问题,对项目有一个整体感知,以便快速进入设计者创设的学习情境当中。此阶段在技术使用上,可以利用思维导图来明确项目整体的知识点大纲,厘清学习任务,明细阶段学习目标,为项目式学习做好准备。

转换为驱动性问题。驱动性问题即问题驱动学习,在这一步骤中,找到能够引起学生兴趣的问题,围绕着问题创设情境,将学生带入情境之中解决问题是关键。设计者在这一过程中的任务即是创设情境,通过对核心知识的感知,了解以往核心知识的应用情境,确定最终的情境如何搭建。学生在驱动性问题中感知问题需要的知识、背景,围绕着问题的情境,思考“我已经知道了什么?”“我还需要知道什么?”在技术使用上,利用多媒体技术手段创设问题情境,给定多种媒体的信息丰富情境,学生为获得足够的信息,也可以利用搜索引擎查找相关背景资料。

确认项目认知策略。项目式学习过程中学生能力的培养是用高阶认知策略带动低阶认知策略,从马扎诺的学习维度理论出发,学习不仅是获取知识的过程,还是运用知识、培养思维习惯的过程[10]。设计者在此步骤中,要将程序性、事实性的知识贯穿在概念性的知识当中,以学生能力的提升为目标。学生则通过信息的整合,逐渐过渡到解决问题的能力、决策能力等的培养以及思维方法的养成。通过交流协作,解决问题。整个过程需要信息搜索工具、实验模拟工具等,既能满足低阶认知需求,又能促进高阶认知的发展。

确认主要的学习实践。学习实践是项目式学习的核心所在,设计者主要是通过设计好的实践形式,一步一步地通过界面中的设计、模型来引导学生的学习实践。学生在技术的支持下,通过交流协作、实验、信息浏览与加工等完成项目中的任务,从而解决问题。在这一步骤中需要信息获取技术、交流协作技术、认知工具等技术来支持学习实践的完成。

明确学习成果的公开方式。CSiPBL 课程学习成果的公开方式由设计者确定,在项目式学习的尾声,学生通过实践解决了问题,形成了学习成果。学习成果可能是一份报告也可能是其他形式的成果,但都需要将其进行汇报展示,进行学生之间的互相交流评价、教师评价。技术支持主要由多媒体展示工具、网络平台互动评价工具等,可以采用网络评价学生之间互相点评打分。

设计覆盖全程的评价。评价分为总结性评价和过程性评价,过程性评价是在学习过程中进行的评价[11],关注学习、评价和教学的有机结合,将评价过程与学习者个体学习的过程紧密融合在一起[12]。CSiPBL课程采用总结性评价与过程性评价相结合的方式,总结性评价的标准由设计者制定,依照标准进行项目评定与总结反思。学生通过评价完成经验总结与反思修正,复盘学习过程。全程评价的数据主要由计算机来收集,应用算法存储收集学生的学习数据,记录学习日志,通过分析数据、日志完成评价。

# 4 项目式学习的计算机模拟单元设计原则

在进行项目式学习的课程的学习单元设计时,课程单元的设计步骤分属于不同的设计维度,在学习单元的设计过程中,各个维度对应的要求,所遵循的原则也各不相同。CSiPBL课程中,计算机全程模拟,主要是模型设计、交互设计、评价设计等维度的设计对于课程的影响较大,可能会改变学生的学习效果,因此对于以上三个维度的设计,课程设计者需要考虑并遵循一定的原则。

## 4.1 模型设计维度

CSiPBL课程单元设计的前三个步骤是寻找核心知识、转换为驱动性问题和确认项目的认知策略,属于教学内容设计的维度,在这个维度中,主要是对内容的前期铺垫,遵循的原则与传统的PBL课程设计原则相似,因此针对此维度设计的原则不再赘述。在进行基本的教学内容设计之后,接下来的一步则是学习实践的确认,即如何在教学过程中将内容呈现给学生,在CSiPBL课程中,关键的两个维度是模型设计和交互设计。科学模型是科学探究的一种有效的研究工具,是可以产生预测和解释的具有呈现防线、规则和推理结构的系统,它是对自然界进行描述的一种科学工具。可以分为实物模型和观念模型[13]。但无论是哪种模型,在计算机模拟单元中都将以虚拟模型的形态呈现。在CSiPBL课程中进行模型设计的目的是构建学生与知识之间互动的桥梁,让知识兼具科学性与形象性。

在进行模型设计的时候要秉持以下几条原则:

(1) 直观形象性原则,基于模型和建模的教学首要原则是直观形象性,为了让学生理解抽象的科学概念,应该尽量以可视化的形式呈现给学生,提供直观、简洁的模型,帮助学生理解和记忆。

(2) 简约性原则,模型是对原型的模拟,模型剔除了原型中一些无关紧要的细节,保留其主要特征,把现象从纷繁复杂的世界中抽取出来,简约呈现给学生,进而提高学习效率。

(3) 互动性原则,计算机模拟的项目式学习不单单是学习的过程,还是一个探究的过程,通过模型中的互动设计,让学生在互动中探究科学知识,认知会更加的深刻。

## 4.2 交互设计维度

学习实践的设计中需要考虑的第二个重要维度是交互设计维度,学生在计算机模拟课程中的交互程度、交互效果直接影响到学习效果。杨九民等将在线开放课程中的交互形式归为三类:① 人-人交互;② 学习者-内容交互;③ 学习者-界面交互[14],传统的 PBL 课程中涉及的交互主要是人-人的交互,即教师与学生、学生与学生之间的交流互动,而在 CSiPBL 课程中,计算机扮演了重要的角色,教师与同伴的作用相对弱化,所以在 CSiPBL 课程模拟单元的设计时,学习者-内容的交互设计和学习者-界面的交互设计的重要性凸显。

友好的媒体交互界面,能引起学生的学习兴趣,引导学生一步步接近学习目标。友好的媒体交互界面的设计应该是形式与内容相统一,版式布局匀称协调,在色彩配置上鲜明新颖。CSiPBL 课程针对的主要对象是中小学生,所以在设计时需要遵循一定的美学原则,界面中的色彩整体要赏心悦目,但又不过于花哨分散学生的注意力。栏目设计遵循简易性原则,清晰的栏目设计一方面使学习内容的框架简洁明了,紧紧围绕中心主题展开,另一方面能够使学习者快速进入学习状态,不必花费大量时间熟悉学习方式。

媒体交互界面是课程的形式,学习资源的交互式课程的内容,学生的学习围绕着单元内容,因此单元内容的取舍、表现形式和方法直接决定着学生的交互程度[15]。在 CSiPBL 课程学习过程中,学生从庞大的网络学习资源中获得信息,如何进行信息的筛选整理,作为课程设计者需要进行辅助,利用导航设计或者知识网络等,避免学习者离学习目标过远,让知识点与知识点、概念与概念之间相互串联,越是复杂的情境背后的知识越具有整合性与模块化特征。在表现形式方面,对于复杂的内容,可以借助图像、视频、动画等方式呈现,结合视觉与听觉双通道来增强学生与学习资源之间的交互程度。

## 4.3 评价设计维度

CSiPBL 单元设计的第六步与第七步是明确学习成果及公开方式和设计覆盖全程的评价,在此过程中,主要涉及的维度是评价设计维度。评价设计遵循客观、全面、真实的原则,将学生的学习数据真实记录,对数据进行客观分析,尽可能全面地评价学生学习效果。CSiPBL 课程单元通过对全程学习的记录,对项目学习中每一个关键节点进行评估,即对每个关键阶段都能进行总结性评价;还可以通过学习数据的采集,在线全程记录每一位学生的操作数据、交流数据,通过存储学生在每一阶段的语音、文字等方面交流数据,评估学生的协同能力、交流能力等,通过记录学生在课程中点击按钮的速度、间隔时长等,判断学生的学习进度,通过以上学习数据的采集不仅能分析学习者的学习特点,依据学习者的参与度、贡献度、表现度构建 PBL 学习评价的结构模型,为改进课程提供数据支撑,还能由此来客观评价每一位学生的学习效果,真正做到评价的覆盖全程。

# 5 总　结

项目式学习自兴起以来,就一直处于不断的实践与发展之中,我国近些年来引入项目式学习的概念,学习的效果却收效甚微,说明在引入新的教学模式时,要从实际出发,进行本土化的设计。计算机模拟的项目式学习课程改变了学生的学习方式,弥补传统 PBL 课程教学模式的不足,使 PBL 课程学习更加适合我国国情,更加适合在线教育的发展,进一步与学生学习认知习惯相匹配,进而更好地提升学生的各方面能力,达到指向素养教育的目的。但目前对于计算机模拟的项目式课程的设计探索还处于起步阶段,深层次的教学资源的设计原则还需要在实践中不断总结。未来技术在科学教育中的应用会越来越广泛,技术处于不断地更迭中,教育的目标也在随着时代发展,如何在动态变化中应用技术到教育中,从不同的层次提供教学资源,发展学生适应数字化未来的素质,也将成为教育者们需要不断思考的问题。

# 参 考 文 献

[1] Warren A.跨学科项目式教学 通过“+1”教学法进行计划、管理和评估[M]. 孙明玉,刘白玉,译.北京:中国青年出版社,2016.

[2] Chen J, Kolmosa A, Du X. Forms of implementation and challenges of PBL in engineering education: a review of literature[J]. European Journal of Engineering Education, 2020, 46(1): 90-115.

[3] Mergendoller J R. Defining high quality PBL: a look at the research[J]. Buck Institute for Education, 2018:1-10.

[4] Thuan P D. Project-based learning: from theory to EFL classroom practice[C]//Hochiminh city. proceedings of the Proceedings of the 6th International Open TESOL Conference, 2018:331-332.

[5] Jalinus N, Nabawi R A, Mardin A. The seven steps of project based learning model to enhance productive competences of vocational students[J]. Advances in

Social Science, Education and Humanities Research, 2017, 102:251-256.

[6] Barak M. Problem-, project- and design-based learning: their relationship to teaching science, technology and engineering in school[J]. Journal of Problem-Based Learning, 2020, 7(2): 94-97.

[7] 胡磊.基于项目式学习模式的大学体育教学实证研究[J].山东体育学院学报, 2018, 34(3): 131-136.

[8] 茆婷婷.基于项目式学习的语文教学设计与实施:以“绘本故事创作”项目式教学为例[J].陕西教育(高教), 2020 (4): 30,34.

[9] 张思琦.基于网络环境的小学数学项目式学习设计与实践成效研究[D].西安:陕西师范大学, 2016.

[10] 盛群力.旨在培养解决问题的高层次能力:马扎诺认知目标分类学详解[J].开放教育研究, 2008(2): 10-21.

[11] 韩叶秀, 杨成.认识论视野下学习过程性评价探析[J].教育探索, 2012(2): 5-7.

[12] 上超望, 韩梦, 刘清堂.大数据背景下在线学习过程性评价系统设计研究[J].中国电化教育, 2018(5): 90-95.

[13] 周红, 马云鹏, 张二庆.模型与建模在科学教育概念转变中的作用及启示[J].现代教育管理, 2013(4): 52-55.

[14] 杨九民, 李丽, 刘晓莉, 等.在线开放课程中的交互设计及其应用现状分析[J].电化教育研究, 2018, 39(11): 61-68.

[15] 戴心来, 陈齐荣.网络课程的教学交互及其设计探究[J].电化教育研究, 2005(9): 69-72.

# Design Framework Analysis of Computer Simulation Unit of Project-based Learning Course

XU Qizhi, TU Juanjuan

School of Humanities and Social Sciences,

University of Science and Technology of China, Hefei 230051

**Abstract** Project-based learning is an important model of emerging science education, which has become an important research field in the field of learning science in recent years. However, its development in China is facing difficulties. On the one hand, it is restricted by China's educational conditions, onthe other hand, it is restricted by the problems existing in traditional project-based learning. In the context of the development of online education, project-based learning course based on computer simulation can make up for the deficiency of traditional project-based learning course and achieve the goal of oriented literacy education. Starting from the steps of computer simulation design unit, this paper clarifies the roles of designers, students and technology in each step. This paper analyzed the principles and problems that should be paid attention to in the design of computer simulation unit of project-based learning course from the dimensions of model design, interaction design and evaluation design, and provided guidance for improving and better realizing the goal of project-based learning.

**Key words** computer simulation; project-based learning; design framework

## 作者简介

徐奇智,1978年出生,男,四川成都人,中国科学技术大学人文与社会科学学院科技传播系讲师,研究方向为科学教育与科学可视化,E-mail:fred@ustc.edu.cn。

涂娟娟,1998年出生,女,安徽安庆人,中国科学技术大学人文与社会科学学院科技传播系研究生,研究方向为科学教育与科学可视化,E-mail:tuj@mail.ustc.edu.cn。

# 从“标准时间”的科学本源探讨其在国家发展中的相关问题

肖伟刚

中国科学院重大科技任务局,北京　100864

**摘　要**　本文从普及科学知识入手,着重介绍了“时间”概念的特征要素,从“标准时间”起源和定义谈起,全面阐述了国家标准时间的来源和确定,结合国际现状解析了相关政府管理、法律规章、技术体系、科学教育和安全战略等的正确认识,在基于正确认知相关概念、定义、约定及关联关系的基础上,分析并纠正我国当前存在的语言运用误区,探讨了总体发展思路。

**关键词**　时间;国家标准时间;时频基准

## 1　引　　言

“时间”是人类认识和描述世界的一个基本物理量,与人类生存发展密切相关,但与其他物理量有着本质上的不同,其量值一直处于变化之中。时间运用上首先体现为“国家标准时间”,这是应用层面的“约定”,并非物理学上的定义。我们需要深刻理解其内涵特征,完善法规,做好科教、传播和技术发展的有机协调,维护大国战略和促进科技自强。

## 2　“时间”的来源和“国家标准时间”的确定

### 2.1　“时间”的来源

“四方上下曰宇,古往今来为宙”,早在春秋战国时期的尸佼就在《尸子》对宇宙进行了定义,“宇”代表上下四方,即我们所处的空间,“宙”代表古往今来,就是时间。宇宙就是时空,就是我们身处的大自然,时空不可分割。

(1) 来龙去脉。科学家已经公认宇宙形成于约138亿年前的大爆炸,时空由此形成,从大爆炸开始,各种粒子接续产生、碰撞、组合、变化,历经约10亿年形成星系,星系间距离逐步拉大,慢慢形成了当今的宇宙。地球人类在生产生活中需要标记事件发生的先后顺序,需要共识性约定,那就是:商定一个起点,再选一个周期现象用来累计,这就是时间。地球人类为了统一认识,必须使用同一个约定。目前全球统一采用公元纪年(传说的耶稣诞生日,来源于意大利的西元纪年法)。现代社会,人们更关注时间计量基本单位(秒)的处理。

(2) 属性特征。时间有三个特征:① 表征事物变化次序的一维坐标;② 得到公认;③ 能被测量。时间具有独一无二的特征,即摸不着见不到但客观存在,按黑格尔的绝对精神存在观,宇宙纷杂万物本身就证明了时间存在,因为一直有“前进”的变化,即只沿着单一方向,这是由自然状态下物理学基本定律之一熵增加原理(一个封闭的物理系统,熵永远是增加的)所决定的[1]。

(3) 核心要素。时间定义包括“时即时刻(起始点对准)”和“间即间隔(单位计量)”两个核心要素。前者对应时空相位协调,后者对应周期现象,运用中需要测量和标记。

## 2.2 国际标准时间的产生

从认知范围看,定义和标准高于测量活动本身。过去,人类整体认知模糊,光照条件的周期现象是主导性的,以观测太阳为基础的时间测量随着技术的进步而持续发展着。将一天进行更细地的划分是人类对时间测量的一大进步,在公元前700年,巴比伦人就已经做到了天时秒的(24/60/60)三级分割,这种计时方式后来被全世界使用并一直沿用至今。人类一直在寻找能够测量时间的各种自然周期现象,从单摆(机械钟表)、压电效应(石英钟)到原子能级辐射(原子钟),1967年第十三届世界度量衡会议决定采用原子时的秒长定义,本次大会还确定了选取1958年1月1日世界时的0时为原子时的时刻起点。国际权度局(Bureau International des Poids et Mesures,BIPM)一直在综合协调,在纳秒级实现统一。国际统一的标准时间是协调世界时(UTC),根据全世界的近五百台原子钟相互比对的数据计算(国际权度局负责),再与基于地球自转测量获得的天文时间(UT,也称世界时)取得协调。UTC的秒长需要综合全世界守时实验室原子钟数据产生原子时秒长,时刻上要向世界时靠拢,目前是按照不超过0.9秒偏差的闰秒机制处理。世界时采用的周期现象是日(地球自转一圈),就是人眼看到日升天亮的间隔,一日被分割86400分,就得到了世界时基本单位秒的定义。可见,UT是天文学上考虑地球自转并感受太阳周期升落现象后统一起始点后的计时。零时区定在英国格林尼治天文台本初子午线的点位,其他经线时区的用户加上时区差后就可以使用。世界时需要持续观测修正,测量好地球自转是关键一环。观测太阳、恒星并结合大地基准坐标测定日长,为消除地球极点变化等各种因素对地球自转的影响,加修正后就有世界时的第一类改正(UT1)、世界时的第二类改正(UT2)的概念。对于空间活动,UT1 是必不可少的参量。

国际地球自转与参考系服务(International Earth Rotation and Reference System Service,IERS)组织负责和处理全世界合作台站的多种技术观测资料,获得 UT1 的时间序列。以月报和周报两种形式通过互联网向全球 UT1 用户进行播报。月报由 IERS 位于法国巴黎天文台的数据处理部门负责计算与发布。其中,月报的播报精度最高,每月发布前月数据的正确数值(所谓纸面时),可以满足各种理论研究的需求。周报由美国海军天文台(the United States Naval Observatory,USNO)负责解算与发布,通常每周发布一次,实时性较好。

国际上,关于标准时间及相关标准频率定义和发播的协调机构是国际电信联盟(ITU),193 个联合国成员国参与。我国对口 ITU 工作由工业和信息化部负责,其中关于标准时间信号发播的国内对口工作组组长单位是中国科学院国家授时中心。

## 2.3 我国国家标准时间的确定

国家作为政治性、民族性、区域性组织的存在,不仅产生了人为的本国国家标准时间的问题,也有地理范围涉及的信号覆盖性问题,毕竟地球是圆形的,全球只看一个“钟表”,存在技术实现问题。对于一个土地辽阔的大国来说,技术上,需要有无限接近国际标准时间的国家标准时间。UTC 并不是时间标准,只是约定的标准时间,其实际体现的是国家标准时间,哪个地方发出的时间频率信号是国家标准时间,是需要国家授权的,我国已经有明确的约定。

新中国成立后,中国天文界一直参与世界时测量、国际交流以及国内综合原子时构建和保持工作,在国际上具有一定的影响。1970 年,周恩来总理批准中国科学院保持和发播国家标准时间。起初由上海天文台基于天文观测和世界协调建立了我国独立的世界时基准,后来交由陕西天文台(国家授时中心的前身)负责,顺利实现了天文时向原子时的转移。20 世纪 70 年代建成的以原子时和协调世界时为基准的长短波授时系统,一直承担着我国标准时间频率信号的发播任务,经持续升级改造,组建了多种精度、天地一体化的立体授时网络体系。随着国内原子时频实验室及时频计量技术的发展,多家单位都研制了铯原子钟等多型守时型原子钟,经同行专家综合论证历史性、择优性、稳定性和权威性等诸多要素,1988 年 3 月国务院法制局专门召集中国科学院和国家计量标准局等单位专题召开关于时间频率工作协调会,确定中国科学院继续负责我国协调世界时 UTC 和国家的授时(时间服务)工作。

中国科学院建立了我国唯一的独立原子时系统，是国内唯一得到国家授权、能够不依赖国外数据而自主产生国家标准时间的单位。目前，中国科学院国家授时中心产生和保持的国家标准时间UTC(NTSC)的综合性能在国际80多个守时实验室中稳居前三，在国际原子时计算中发挥着举足轻重的作用。迄今，国家授时中心已经建成了长波授时、短波授时、低频时码授时、电话授时等诸多的授时手段。北斗卫星导航系统、海军长河二号导航授时系统和交通部海岸电台等均溯源至UTC(NTSC)。以上系统合力构成了较为完善的国家标准时间服务体系的核心部分，满足各个历史阶段国民经济和国防建设对国家标准时间的需求。中国科学院国家授时中心目前承担发改委“高精度地基授时系统”等国家重大科技基础设施建设，将进一步拓展和完善国家标准时间服务体系。另外，发布我国国家标准时间、标准频率信息的《时间频率公报》，由中国科学院主管，是拥有标准国际刊号(ISSN)的正式出版物，已有42年历史，被美国国会图书馆、美国陆军军事指挥学院、法国国防部、牛津大学等国际知名机构收录，具有一定的国际影响力。

# 3　如何看待国家相关行政管理

时间很特殊，表面看，似乎熟悉而不知，日用而无感。但深入背后，标准时间的具体化是时间基准，时间基准主要处理的是时间频率信号。由于其与社会民生紧密相关，从国家行政管理角度看，国家层面以什么方式管理以及管理到什么层度，我国学术界近些年来有一些争议，科技工作者中也总存在一些似是而非的说法，加之“标准时间”对于广大民众而言，既熟悉又不知其背后科学真相，这会误导了公众。例如：我国的标准时间一直没有定义，管理混乱，亟须国家立法明确；世界上主要发达国家均专门立法管理国家标准时间；我国建立健全了国家时间量传溯源体系，等等说法均是用词不科学严谨，特别容易误导大众并影响国家决策。

## 3.1　国家标准时间与计量行政管理

计量概念有双层含义，学术本意是指用一个规定的标准已知量，如长度的单位米、重量的单位千克、电流的单位安培等，和同一类型的未知量相比较而加以测定；社会本意是指利用技术和法制手段实现单位统一和量值准确可靠的测量。一个国家的计量管理是为了推行市场经济和社会生活中的统一标准，为所使用的各种量值建立“一把尺子”，从而为建立公平公正秩序尽一份力。

有关科技报告中常见“时间计量”词语并不严谨，从而导入误区。“时间”在社会关联上包括测时、守时和授时等一切活动，但时间与其他基本物理量(如质量、长度)

不同,根据前文解析时间概念的特征,其是一个变化的物理量,两组成要素中的“秒”是计量单位,而“时刻”不是,“时刻”不属于计量管理范畴。周期(时间)与频率互为倒数,时间基准通过频率信号把握。《中华人民共和国计量法》(2018 年 10 月第十三届全国人民代表大会常务委员会第六次会议做了第五次修正)规定了计量基准器具及相关计量检定标准的监督管理[2]。《中华人民共和国国家计量基准目录》[3]中产生秒长的时间频率基准装置包括两项:① 第 107 项原子时标基准装置,指产生 5 MHz、10 MHz 和 1 PPS 的装置(PPS 为 pulse per second 的简写,1 PPS = 1 Hz);② 第 108 项秒长基准装置,指产生 9192631770Hz 频率的装置。这两个装置都只能产生秒长而产生不了“标准时间”,计量法约束的是“秒长”而不是“标准时间”,更不能涵盖国家标准时间的产生、保持、发播、传递、接收、使用和服务等诸多方面。在国家标准时间(时频基准)的产生、传递、使用等技术设备产品体系中,计量行政部门及附属研究机构可以针对“秒长”基准设备产品开展相关的测量、校准、监督等工作,也可以适当开展相关高科技研究。时间单位“秒”的计量测试能力并不等于标准时间产生能力,原子钟研发水平并不等于标准时间保持水平。所以,笼统地谈时间计量并不确切,更没有可操作的意义,正确的表达应是“时间基准的秒长计量”,但包括科技界专业人士在内的人们都习惯在表述上使用“时间计量”。常见到有关计量科技进展报告中谈到“建立健全了我国时间量值溯源体系”,属于语义不准确,应当是“建立健全了时间基准(秒长)量值溯源体系”。

与此相类似,如坐标系就不属于计量的范畴,只有坐标系的长度单位“米”属于计量的范畴。“计量技术”作为大概念可以针对一切可量化值的测量技术,如果无限制地延伸概念,所有的大到宇宙天文学测量、小到微生物学反应观测、高密度等离子体的诊断测量,都概莫能外。国际权度局也可翻译为“国际计量局”,其对时间频率所谓“计量”的 UTC 是事后采集加权平均后公布的,供校正用,不是物理上的数据。我们需要的是透过现象看本质,不能只看字面,要看内涵特征、业务性质和工作效率。时间频率信号一经发播就直达最终用户,其技术特征决定了时频发播机构一定是已经获得国家授权。可见,“计量”管理“时间”并不科学,有些科技报告中的定义特别容易被错误解读。

## 3.2 国家标准时间与政府立法

立法是政府行为,需要面向问题,关乎的是在国家治理中为了保护什么、限制什么、促进什么,一切法律都是为了规制权利(权利包括两类:代表公共的政府权利,即公权利和代表公民个体组织的权利,即私权利)而设的。一个好的政府只是负责提供公共产品,并担任维护社会公正的“裁判者”和安全的“守夜人”角色。标准时间是国际化的公共产品，因为时间是开放性的资源，哪个用户不希望用到标准、准确、最具权威性的时间频率信号呢？时间基准本身是有标准可循的，定义明确，基准公认，国家标准时间基准频率信号广播于广泛的电磁空间，它超越了社会生活和市场经济活动中的一切繁文缛节，因为时间服务信号随电磁波直达使用者。国家标准时间在产生、保持和使用中究竟需要什么样的政府治理，立法规制到什么层次，如何具有可操作性，一直存有争议，是值得专业人士深入研究的问题。

能够提供较大权重原子时计算的基准钟组基本分布在传统发达国家，“秒”的计量管理一般都纳入了计量法，计量法之中涉及时间频率管理的内容条款都是说明了某些特定单位的职责安排而已，实质上是一种唯一授权和特许资质安排，而不是专门的国家标准时间管理立法。例如，美国海军天文台(USNO)授时权威性一直为世界认可，其保持和播发的标准时间得到了国家授权和维护。美、俄、德三个国家有计量管理立法，是确保测量统一的法律，通过深入解析其中关于标准时间的具体内容，可见这三个国家立法的事实：美国的国家标准时间由国家标准局和海军天文台协调产生，国家标准局不只是计量机构，海军天文台主要开展授时和天文时间测量研究；俄罗斯国家标准时间的管理协调单位是“国家授时和频率及地球公转参数测定站”[4]，不是俄罗斯国家计量科学中心[5]；德国的标准时间由德国联邦技术物理研究院产生，技术物理研究院虽然有计量职责但其不只是计量机构，还具有授时发播能力。在德国的《计量单位与时间确定法》中，非常清晰地将时间单位秒的产生和传递、标准时间的产生和传递作为独立的两项进行阐述，显然，德国已把标准时间和“秒”进行了清晰的划分。与中国一样，美、俄、法、德、英、加、日等国家，都是将标准时间产生和管理的职能放在拥有授时手段的单位。

国际上各国的情况都不相同，发达国家没有专门的所谓国家标准时间管理立法。为了提高标准时间服务信号的稳定性和完好性，有些发达国家做了很好的示范。美国的标准时间由海军天文台和国家标准局分别保持，已经在2015年实现互联互通，实时公布相互之间的偏差，用户只需要同步到任意一个即可。

当前我国标准时间的产生、保持和发播已经形成了一定的能力和体系，高精度高稳定性的守时原子钟等基本时频基准产品的研发，呈现了百花齐放、竞争促优的格局，发展出了多家时频技术实验室，整个计量测试技术领域发展迅速，这对于促进产业发展和技术进步是有益的。但是成为代表北京时间的守时钟组并播发时频基准信号的国家重大科技基础设施，是需要国务院和发改委认定并授权的，原子钟和基础器部件可以进行市场竞争研发，信号发播则不能随意，要符合标准，按照择优原则并考虑应用连续性、技术权威性和国际认可度。确切地说，物理层面，国家标准时间的确定和产生是需要专门的系统装置的，产生符合标准的时间基准秒长和播发频率信号自然需要具备能力、标准、资格和授权,否则不会被允许建设。这样设施系统本身的存在和运行就已表明势必得到了国家许可,是国家的公益性事业性行为,不是自由市场行为,依然具有合法性。

因为信息化时代的时空基准不可分割,标准时间的技术体系涉及无线电管理、国家安全、国家重大科技基础设施管理和国际协调,从大国战略着眼,建议我国应将标准时间管理纳入国家综合导航定位授时(PNT)体系同步发展。2018 年 12 月 4 日,美国总统签署《国家安全与弹性授时法案》,也谈到"建立一个替代 GPS 卫星的可靠授时系统对美国的国家安全和经济安全至关重要"。2020 年,英国也通过了提高授时安全的"国家授时中心"的建设规划。结合发达国家的发展与我国的现状,需要统筹考虑国家时频信号的自主安全可靠战略及相关应用管理分工,并开展立法探讨。

重要的是,我们需要清楚当前存在的问题。笔者曾参加国家时频应用调研组,实地考察了金融、电信等几个重点企业,发现在应用方面,本地钟组以及时频码来源随意,涉及时频自主安全可控的法规严重滞后,一些重点领域仍以 GPS 导航授时为主,对外依存度大,存在重大的安全隐患。在 2010 年 1 月,我国采用 GPS 授时的通信基站,由于 GPS 升级,其授时功能受到影响,导致我国沿海多个省份的 CDMA 网络出现大量警告。可见,从政府立法角度看,需要针对的是"国家标准时间体系"中的"用时"部分,即亟须立法管理的不是国家标准时间,而是时频应用方面的信号采用来源、频率管理等自主安全法规,切勿在概念使用上小题大用。

## 4 国家标准时间的构建牵引着国家前沿科技和安全发展

时间频率资源是国家重要战略资源,不仅广泛应用于导航定位、信息网络、空间飞行器测控、天文观测、大地测量等各个领域,还带动其他基本物理量定义、物理常数测量和物理定律检验精度的不断提高,在基础科学、工程技术和航天发射等领域发挥着越来越重要的作用。为维护科技自强,必须统筹协调好相关资源,在技术体系构建水准、基础科研与前沿科技研发能力、科学教育与科学传播方式、特殊领域专业应用能力等诸多方面有机协同,跟上发展的步伐。

我国当前的问题是,需求加大并走向高精度,而供给跟不上需要,体现为时频技术体系的核心基础技术落后,UT 自主测量的精度不高,原子钟研发水平不高,"标准时间"相关通识教育和人才培养乏力,相关基础科研的投入、激励和评价与实际要求不协调。

## 4.1 时频技术体系直接支撑标准时间构建能力

时频体系包括守时、授时(国外称为时间服务)、用时(或定时)三部分,其任务是产生标准时间,并将标准时间播发给用户使用。时频体系与其他技术体系不同,时频体系可以直接将标准时间发播到用户——不需要分级传递。由于时间基准量值直接播发的特殊性,不同用户根据精度需求会选择合适的方式接收授时信号后直接同步。定时与时间同步技术紧密关联,随着基础科研、重大工程和空间技术等的发展,对时间同步的精度提出了越来越高的要求。如:高精度大地测量、毫米级超高精度导航定位、探索宇宙暗能量的洲际射电望远镜阵列(SKA)等大型科学设施都需要优于皮秒($10^{-12}$ s)精度的时间同步技术。

世界时在国家标准时间产生、深空探测、卫星导航、航天发射试验等领域有重要应用,鉴于其重要性,美国、俄罗斯、欧洲及日本等一直保持其独立的UT1测定工作。美国海军天文台在原子时自主守时和UT1测量方面发挥了国际引领和主导作用,在TAI产生中拥有最大权重。新中国成立后,上海天文台就一直紧密跟踪国际趋势,但由于种种原因,我国从1990年起中断了UT1自主测量工作,此后我国世界时发播的UT1参数则完全采用国际地球自转服务组织(IERS)和美国海军天文台(USNO)提供的数据。独立自主的时间频率体系关乎国家安全和核心利益,在某些航天任务需要的关键时刻,曾多次赶上互联网UT1数据服务平台紧急维护,存在工程风险隐忧。为满足用户急需,近期有关单位融合数字天顶筒、甚长基线干涉测量、GNSS(卫星导航系统)精密测量等多种手段构建了初步的世界时自主测量系统,实现了精度优于100微秒的世界时连续测量,快速建成了与IERS同功能的互联网世界时数据下载服务系统,解决了国内用户急需,但目前刚刚起步,系统相对脆弱,精度有待提高。

随着我国从航天大国向航天强国迈进,深空探测、空间交会等方面对UT1精度和实时性的需求不断增长,愈加迫切需要自主世界时测量数据。我国UT1自主测量能力构建方面缺乏国家层面的系统性,在高频率、长基线、多手段、高精度等方面亟待形成系统性、稳健性的产品输出能力,包括发展脉冲星时空基准相关的综合时间标准,尤其面对当前太空活动加剧形势,应在国家层面给予高度重视。

## 4.2 多学科融合的基础研究为时频技术提供了持续不竭的发展源泉

标准时间的把控能力反映了一个国家的科技水平,支撑国家标准时间背后的学科领域十分广博,由于原子时的发展,表面看都归纳于计量测试技术,这样会忽略其战略性、前沿性、基础性,同时也对国家整体安全战略不利。现代时间测量主要是指秒以下时间间隔的测量,目前实验室能够测量的精度在飞秒($10^{-15}$ s)量级。由于主要是电子频率(时间频率信号)信号的测量和处理,时频技术飞速发展,主要就是研发各类原子钟。人类探索更深层次的自然规律时,往往需要通过原子钟实现更高精度的时间测量,如里德堡常数的测量、精细结构常数 $\alpha$ 的稳定性测量、广义相对论检验、引力波探测等,其精度都取决于时间频率的测量精度,需要进一步提高时间测量的精度。

原子钟广泛应用于各行各业,涉及国计民生各个部门,保障着经济社会运行和国家安全,如卫星导航系统的核心设备就是不同类型的原子钟。守住标准时间,一般是依靠高准确度的钟驾驭高稳定度的钟,即以铯原子钟联合氢原子钟形成钟组,计时准确度达到了 $10^{-13}\sim10^{-14}$。随着原子分子物理和量子技术的发展,"光梳"技术推动着时频新技术革命,多种光钟不确定度和稳定度进入 $10^{-18}$ 量级,未来 10 年内,秒长或用光频重新定义,光钟驾驭微波钟守时成为时间计量国际前沿课题,锶原子光钟驾驭氢钟(日本 NICT)做到了 0.79 ns/150 天,镱原子光钟驾驭氢钟(美国 NIST)做到了 0.2ns/160 天。目前测量精度最高,将来有望作为基准的原子钟是实验室型冷原子光频原子钟,简称光钟。国际权威科学期刊《自然》在其 2 月 17 日出版的期刊上登载了两篇有关实验室型冷原子光晶格锶光钟研究的文章。其中,美国威斯康星大学麦迪逊分校研究人员通过对同环境下两群原子跃迁频率差异的超高精度测量,证明了目前提高光钟精度的主要限制因素是探测激光的性能;科罗拉多大学研究人员利用光钟实现了在毫米级尺度测量广义相对论预言的引力红移。该研究结果为进一步提升原子钟精度,以及利用原子钟开展基础研究提供了有效方法。

## 4.3 加强专业人才培养,提高公众对标准时间的理解

从科学传播与科学教育角度看,标准时间多学科融合的特点,给标准时间的管理、人才培养和科学传播带来了一定难度。在管理方面,军地各相关部门应立足各自职能,着眼时频体系建设实际,建立责权明晰、运行顺畅、协调高效的建设机制,组成时间频率咨询专家组,该专家组应紧跟时频领域国际前沿,形成时频领域专题研讨长效机制,给出咨询意见。标准时间的应用,在不同行业不同领域会有特殊的专业化需求,例如,天文和航天界需要高精度高持续性获得含有地球自转参数的标准时间信息,需要实时掌握含有时刻信息的标准时间,而电力金融通信则需要精确的原子时标准时间就可以。人才培养方面,时间频率已经从天文学科过度到了多学科交叉的综合学科,目前高校无时间频率人才培养专业,需要特别加强人才培养与时频保障能力建设,在普通物理教材和面向大众的通识教育业务中,目前尚缺乏相关

“标准时间”的科普知识，使得作为基本物理量的特殊性，广大科技工作者并不知悉。另外，还需要加强对涉及传播和使用标准时间相关专业人员进行培训，提高在岗人员的适应能力和专业化水平，建立时频人才的联合培养机制，加强军地人才交流，共同培育人才队伍。在科学传播方面，标准时间的科技内涵和社会内涵丰富，用户从普通大众到工程技术人员和科学研究人员差异大，这是时间科学传播的最大难题，很多人只知有标准时间，但不知道标准时间。笔者在国家时频应用调研组对用户单位考察的时候，发现很多高精度标准时间的用户对标准时间的理解很不全面，甚至将标准时间等同于接收机的输入，这反映了在标准时间科学传播方面的不足。因此，建议加大时间科学传播方面的投入，提高公众和用户对标准时间的理解。

驾驭好标准时间甚至探寻时间秘密，不仅需要原子分子物理学、光电子学和微电子学、量子物理和量子技术等高精密光电工程的发展，更需要现代天文观测技术的持续发展。按照相对论时空观，严格地说，宇宙中所有的存在都在“恒变”之中，不存在不变的时间基准，世界时的确定，就永远需要地球相对天球时空参考架中遥远天体的自转角来协调构建和检验，对遥远星空观测依旧是自始至终的基础工作。随着脉冲星等天文观测计时技术的发展，脉冲星加原子钟的综合原子时已经处于尝试阶段，标准时间也有回归天文计时的可能。当然，为适应当今基于计算机网络技术的信息时代发展，民用时间使用连续的时间尺度更为方便，2022 年 11 月 18 日国际计量大会已做出决定“闰秒机制最多持续到 2035 年”，有关各方将组织研究，以在此之前确定以后如何调整(闰分或别的什么数值)，即 UTC 将来可能会采用原子时，世界时和原子时之间的差异将被允许大于 1 s。时间相关的科学技术，永远在路上。

我国在过去很长一段时间里对原子钟和世界时测量这类基础性、战略性科技资源的重视程度不足，认为这只是设施设备仪器类，忽略了其在卫星导航、深空探测以及经济社会和国防建设方面的战略意义。同时由于理论基础依靠借鉴，基础工艺器件发展缓慢，应用单位不多，评价导向上不易受重视，很难产生经济效益或科学价值，制约了这方面的发展。近年来，我国时频技术发展很快，国产磁选态和激光抽运铯原子钟正逐步替换曾高度依赖的进口铯钟。我国的星载铷原子钟、守时及工程应用小铯钟、导航及通信等接收机用芯片原子钟取得了长足的进步，在一定程度上满足了国家需求，但相关高品质产品产能跟不上，对特殊环境的适应性和长期运行可靠性存在不足。我国守时钟组的计时不确定度总体水平，与发达国家相比，依然存在低水平重复建设现象，高性能的光钟研制，距国际水平，尤其相较美国水平而言仍有一定的差距。面临自主可控需要和大国科技战略发展要求，国家需要在更高层面展开部署和支持，也应同时在人才培养模式、人才评价导向上加大改革力度和政策倾斜与扶持。

## 5 结　　语

国家标准时间的科技内涵和社会内涵十分丰富,广大科技工作者和民众用户要"知其然,更知其所以然",认清概念之间的本质关系和背后的深刻意涵,拨开云雾,以便合理决策和找准努力方向,更好地指导科研决策和生产活动。国家层面统筹论证时间频率应用的自主安全政策,尽快构建自主世界时测量技术体系,从基础研究、前沿技术、实验平台、材料器件、工艺试验、人才路径、科技政策等全方位推动各类先进的应用型原子钟研发,形成有机协同、有序发展的"国家标准时间"自主构建和持续提升能力,更好地服务于大国自主创新和安全战略。

**鸣谢:**本文在整理成文过程中,得到了国家授时中心李孝辉研究员的审核、校对,在此深表感谢!

## 参 考 文 献

[1] 李孝辉,窦忠,赵晓辉.北京时间:长短波授时系统[M].杭州:浙江教育出版社,2015:8-10.

[2] 全国人民代表大会常务委员会.中华人民共和国计量法[Z].2018-10-26.

[3] 市场监管总局.中华人民共和国国家计量基准目录[R].市场监管总局公告(2021 年第 5 号).2021 年 2 月 10 日,107,108.

[4] 张鹏.俄罗斯联邦保证计量统一法[J].标准化报道,1994,15(4):51-54.

[5] 徐淑霞,徐文见.俄罗斯联邦计量法:确保测量统一的法律[J].中国计量,2019(12):75-80.

## From the Scientific Origin of "Standard Time" to Explore Its Related Issues in National Development

XIAO Weigang

Bureau of Major R&D Programs, Chinese Academy of Sciences, Beijing 100864

**Abstract** In this article, starting from popularizing scientific knowledge, the characteristic elements of the concept of time are introduced emphatically. Comprehensive exposition of National Standard Time is given in terms of its generation and determination. In the light of international situation, based on the correct understanding of the relevant concepts, definitions, conventions and their relationship, some correlatived concepts invoving national management regulations, technical system, science education and security strategy are discriminated. At the same time, analyzing and correcting the misunderstanding of the current language concept, overall development ideas are put forward.

**Key words** time; national standard time; time-frequency reference

## 作者简介

肖伟刚，男，黑龙江讷河人，高级工程师，光电工程硕士，研究方向为光电工程、卫星导航、时频系统、航空航天系统工程及相关国家科技规划。